# 한국 여성의
# 심리장애와 심리치료

### - 양성평등을 위한 의식향상 집단상담 -

김영희 저

학지사

이 저서는 2007년 경기대학교 연구년 수혜로 연구되었음.

| 머리말 |

봄이 찾아오면 산새들의 지저귐은 겨울을 견딘 숲을 깨우고 그 숲에 생기를 준다. 그 봄에 나는 매일 꽃이 피어 있는 나무들을 만나러 뜰로 나갔다. 특히 진홍빛의 꽃사과나무가 너무 아름다워 나는 그 앞에 한참을 서 있곤 했다. 그동안 꽃사과나무는 장독대를 그늘지게 한다는 이유로, 때로는 제멋대로 자라면 사람이 보기에 고운 자태가 아니라는 이유로 해마다 나뭇가지가 잘려 나갔다. 다듬은 꽃사과나무에서 나는 자연의 아름다움을 느낄 수 없었다. 문득 나는 사람의 입장에서 나무를 바라보는 것이 오히려 나무에게 스트레스를 주는 것 같아 작년엔 나무를 다듬지 않기로 했고, 꽃사과나무는 자유롭게 자랐다. 이 봄에 꽃사과나무는 자신의 아름다움을 충분히 살릴 수 있었다.

오랜 세월 동안 여성의 삶도 그랬다. 여성 각 개인의 고유한 특성이 충분히 발휘될 수 있도록 존중된 것이 아니라, 전통적인 한국 사회 문화가 갖는 여성에 대한 고정관념의 잣대로 인해 여성들의 가능성이 억눌리고, 잘리는 아픔을 겪어야 했다. 억눌리고, 잘린 아픔이 누적되면 여성은 여성만이 경험하는 특유의 문제로 인해 심리적 장애를 경험하고 건강한 인격체로 성장하는 데 어려움을 겪게 된다.

여름이 다가오면, 나는 감자꽃을 만난다. 몇 해 전, 척박한 텃밭에 감자를 심었다. 꽃샘추위를 견디며 감자는 땅속에서 싹을 틔웠다. 그해 여름, 나는 수줍고, 소박하고, 은은하고, 고요한 아름다움을 간직한 연보라빛의 감자꽃을 처음 보았다. 그 감자꽃이 지고, 줄기가 시들어지면서, 흙 속에서 감자는 커 가고 있었다. 나는 감자꽃을 바라보며, 지금 현대를 살아가는 한국 여성을 떠올렸다. 아직도 성차별주의가 잔재해 있는 척박한 사회환경에서 스스로 자신의 가능성을 살려 성숙한 삶을 실현해 온 여성의 힘, 땅에 건강하게 뿌리박고 있는 그 열매를 발견했다.

『한국 여성의 심리장애와 심리치료』는 왜곡되고 굴절된 여성상의 불합리성에서 벗어나 여성에 대한 인간적 존엄성을 되찾고 반대 성(sex)의 특성인 행위주체적 특성을 증진시키는 의식향상 집단상담을 제시하고 있다.

현대사회의 여성이 타인과의 경쟁에서 생존하기 위해서는, 여성적 특성(친교성)보다는 남성적 특성(행위주체성)이 어려운 상황을 극복하는 데 더 효과적으로 작용하고 있다. 그렇다면 여성은 현대사회에 적응하기 위해, 또 인정받기 위해 여성적 특성을 포기하고, 남성적 특성만을 획득해야 하는가에 대한 질문을 던질 수 있다. 그러나 남성적 특성만이 가치 있는 것으로 수용되고 여성적 특성이 인간의 성격 특성으로 가치 있게 인정받지 못한다면, 우리는 커다란 모순에 빠질 수 있다. 그러므로 남녀 모두의 의식 수준이 변화되어, 지금까지 남성성, 여성성 요인으로 분리된 성격 차원을 통합하고 서로의 성격 특성을 긍정적으로 인정하는 재사회화 과정을 통해 여성과 남성은 함께 성장해야 한다. 즉, 의식향상 집단상담에 참여한 여성과 남성은 서로의 개성을 인정하면서 자신의 가능성을 조화롭게 살리는 건강한 인격체로 변화되어야 한다.

25년 전, 박사과정 재학 중에 *Woman Psychology*와 *Feminist Therapy*를 처음 접하게 되었을 때 나의 마음은 무척이나 설렜다. 그 설렘은 박사학위 논문 주제로, 그 이후의 연구과제들로 거듭나게 되었고 지금 그동안의 논문들을 책으로 엮게 되었다.

마지막으로 「여성의 정치 재사회화 교육프로그램 개발 연구 Ⅰ, Ⅱ」의 일부를 발췌하여 책에 싣도록 동의해 준 공동연구자 교수님들께, 「한국여성의 심리장애와 여성치료의 방향」의 공동연구자인 최해림 교수님께, 그리고 본문 사진을 담당해 준 아주약품공업주식회사의 김중길 대표이사님, 표지 그림의 김재희 작가에게 감사를 드린다.

이 책이 출판될 수 있도록 배려해 주신 학지사의 김진환 사장님과 편집부 여러분들께 진심으로 고마운 마음을 전한다.

2009년 여름
감자꽃을 바라보며
김 영 희

# | 차 례 |

# Chapter 01

# 한국의 사회 · 문화적 특성과 여성의 지위

개인의 삶의 질을 중요시하는 현대사회는 성취지향적인 사회이며, 사회 구성원들이 가진 잠재능력을 개발시켜 그들의 자아성장을 극대화시키는 데 강조점을 두고 있다.

그러나 오늘의 한국 사회는 '여성과 남성은 평등하다.' 라는 열린 사고가 사회에서 어느 정도 수용되고 있지만, '남성＝우월, 여성＝비하' 의 가부장적 가치관이 아직도 명백하게, 그리고 폭넓게 잔존해 있는 실정이다. 이러한 남성중심 사회에서 여성이 가정, 학교, 사회 등에서 심리적으로 위축되지 않고 자신의 잠재력을 충분히 발휘하며 성취지향적인 삶을 영위하기에는 많은 제한과 장애를 경험한다.

# 1. 한국의 사회·문화적 특성

한국의 사회·문화적 특성은 조선 500여 년의 역사를 지배해 온 유교적 전통이다. 이 유교적 사상은 가정 및 사회의 질서를 유지하는 데 지대한 영향을 주었다. 즉, 조선의 남성상위사회는 남성에게 가족 성원에 관한 통솔권, 지배권 및 재산관리권을 소유케 한 반면에 여성의 가계, 재산 및 재산 상속은 제외하는 가부장제를 이상적 모형으로 내세웠다.

그러므로 이 시대의 바람직한 남성상은 공적인 것에 관심을 가지고(예: 과거급제) 대의와 명분을 중히 여기는 선비로 상징되었다. 반면에 바람직한 여성상은 겸손하고, 순종하며, 인내하는 모습으로 나타나며, 삼종지도에 입각하여 자신의 생각과 주장을 억누른 채 시부모를 잘 모시고, 남편과 자녀를 위해 일하는 것이 최고의 미덕인 현모양처의 삶을 사는 것이었다. 그리고 여성에게 요구하는 태도는 온화한 낯빛을 띄우고 순한 말을 쓰며 절대 원망하거나 노하지 않고 겸손하고 자존하지 않는(내훈, 부부장) 모습으로 묘사되었다(정진경, 1992). 여성은 오로지 남편 가문의 혈통을 이어 주고, 시집에 충성하는 것 외에는 다른 어떤 가능성도 없는 씨받이와 보조자로서의 삶을 요구받아 왔다. 조선시대에서 여성의 행동은 부덕이며, 숨 쉬는 목석이 부녀자의 이상상이었다(이규태, 1992). 이규태 (1993)는 남해안의 버리떼기풍습(계집아이를 낳으면 버리는 비정한 풍습)은 저주받고 태어난 한국 여성이 받는 가장 최초의 비정적 시련이라고 했다. 또한 옛날부터 내려오는 우리나라의 속담을 살펴보면 여성에 대한 전통적인 사고방식을 아주 잘 나타내고 있다(황산성, 1988). 예를 들어, '암탉이 울면 집안이 망한다.' '여자의 말은 잘 들어도 패가하고 안 들어도 망신한다.' '여편네 팔자는 뒤웅박 팔자, 어려서는 아버지에게, 출가하면 남편에게, 늙으면 아들에게 예속된다.' '똑똑한 여자는 팔자가 세다.' '여자는 집에 가두어 놓고 길들여야 한다.' 등 여성을 무능력하고, 부족하고, 종속적 · 의존적인 존재로 묘사하고 있고, 주체성이 강한 여성을 배척하는 내용을 담고 있다.

이러한 가부장적 사회 · 문화 속에서 한국 여성은 억압받고 비하되고 굴종의 삶을 살아 왔으며, 이러한 문화는 한국 여성에게 치유하기 어려운 심리적 상처와 한을 남겼다. 이와 같이 한국 여성은 오랫동안 남성과의 불평등한 관계를 당연시하는 사회구조 속에서 하나의 인격체로 존중받지 못한 아픈 삶을 살아왔다.

그런데 최근의 한국 사회는 1970년대의 산업화, 도시화 등을 거치면서 정치, 경제, 사회의 각 부분에서 커다란 변화를 맞이하게 되었다. 그 결과 1990년대, 2000년대에 이르러 우리의 가정, 학교 및 사회는 양적, 질적으로 많은 변화와 발전을 이루었다. 이러한 발전과 함께 최근 40년간 지속적으로 성장해 온 여권신장 운동과 여성학의 보급 등으로 한국 여성의 지위, 역할, 교육 기회, 사회활동의 참여, 가족주의 가치관 등에도 새로운 남녀평등의식이 고취되었고, 이에 따라 한국의 전통적 남성중심의 이분화된 성역할 고정관념의 가치관은 조금씩 변화하게 되었다.

그러나 아직도 뿌리 깊은 가부장적 구조하에서 여성과 남성 사이의 평등주의적 성역할 의식은 일률적으로 발전되고 있지 않다. 예를 들어, 2006년도 유엔(UN)개발계획 보고서에서 유엔이 교육 및 수입 정도와 평균 수명을 종합하여 각

국의 삶의 질을 평가한 인간개발지수(HDI)에서 한국은 일본과 홍콩, 싱가포르에 이어 아시아에서 4번째의 순위를 기록하고 있으나, 여성의 지위 향상 정도를 나타내는 여성 관련 개발지수(Gender-related Development Index: GDI; 교육수준, 소득 및 의료 수준 등에서의 남녀평등 정도를 측정하기 위해 개발한 지수로, 그 나라 여성의 일반적 복지지수)는 전체 대상 144개국 중 27위에 머무르고 있다(2005년). 특히 여성이 정치, 경제 활동과 정책 결정 과정에 얼마나 적극적으로 참여하는지를 점수로 환산한 여성 권한 신장 척도(Gender Empowerment Measure: GEM)에서는 전 세계 100여 개의 조사 대상 국가 중에 68위(2008년)를 차지하여, 여성의 사회 진출 면에서는 아직도 후진국임을 알 수 있다.

또한 국제노동기구(ILO)에 따르면, 직업에서 여성에 대한 불평등 처우는 실질적으로 임금, 고용 기회, 의사결정 및 경영담당직을 포함한 여성 삶의 전반에 해당된다고 하면서 현재의 추세로 여성이 직업에서 남성과 평등해지려면 475년이 걸릴 것이라 했다. 이는 21세기, 미래의 첨단 국가로 발돋움해야 할 한국 사회가 아직도 가부장적 전통 속에서 보편화된 남성지배-여성예속의 체제가 지속되고 있다는 것을 잘 설명하는 것이다.

여성에 대한 왜곡된 성차별적인 사고는 여성이 자신의 능력을 발휘할 기회가 주어질 경우에 기존의 사회적 제도가 이를 거부하고 억압함으로써, 여성으로 하여금 열등한 지위를 경험하게 한다. 즉, 외면상으로는 남녀평등을 내세우지만 그 내면에는 남성중심 사상이 깊게 뿌리 박혀 있어, 한국 여성은 과거의 전통적 규범과 그에 대한 비판의식 사이에서 회의와 갈등을 경험한다. 이렇게 여성과 남성의 불평등한 사회구조를 가진 한국 사회에서 여성은 자신의 의지와 능력을 자유롭게 펼치기 힘들며, 이 과정에서 여성은 많은 심리적 장애를 겪고 정신건강을 위협받게 된다.

요약하면, 한국 문화는 여성 억압 문화권으로, 특히 남성중심의 성차별, 고정관념화된 성역할, 여성 비하, 갈등과 감정의 억압 등에서 비롯된 여성의 심리적 장애는 사회 · 문화적 원인이 작용하고 있음을 알 수 있다. 현재 한국 사회에서 여성에 대한 대부분의 평가는 굴절되어 있으며, 이는 그들이 적절한 지위를 누리지 못하고 있음을 나타내는 것이다. 곧 성차별주의에 따른 남성지배 문화가 존재한 이후 '남성＝우월, 여성＝비하'라는 가치관이 수용되고 여성의 지위가 가치 있는 것으로 인정받지 못했음을 단적으로 말해 주는 것이다.

## 2. 한국 여성의 지위: 가사 및 경제 활동

### 1) 가사활동에서의 지위

현대사회의 핵가족화 그리고 가전제품 보급의 보편화에 따라 가정생활이 변화하였으나, 가사노동, 즉 집안일은 여전히 주부의 몫으로 남아 있다. 가사노동은 단순한 집안일을 하는 것이 아니라 가정을 운영하고 경영하는 관리적인 요소를 충분히 가지고 있으므로 가정의 기능을 원활하게 수행하는 노동이다.

최근 들어 기혼 여성의 취업이 증가하면서 주부가 가사노동에 할애하는 시간은 줄어들었지만 사실 가사노동의 양은 크게 경감되지 못했으며, 아직까지 과거와 다름없이 가사노동에서 헤어나지 못하는 실정이다.

이기숙의 「맞벌이 가족의 여성, 부부 그리고 자녀」(1994)에 따르면, 가사노동 분담은 각각 아내 70%, 남편 30%의 비율로 나타나 주부의 가사 수행이 높고 남편의 가사노동 참여가 낮은 것으로 나타났다. 이와 같이 가사노동은 '남성＝직업, 여성＝가사'라는 성역할 고정관념의 영향으로 여성이 전담하는 것으로 인식되어 왔다.

특히 관례적으로 여성의 가사노동은 경제적으로 무가치한 노동으로 규정되어 왔기 때문에 여성이 사회적으로 차별대우를 받고 열등한 지위에 놓이게 되는데, 지금까지 다른 직업 노동과 대비시켜 가사노동의 경제적 가치를 인정하지 않는 이유로 지적될 수 있는 특징은 다음과 같다(임정빈, 정혜정, 1997).

첫째, 가사노동은 가족에 대한 헌신적인 봉사와 사랑의 행위로서 자연발생적인 역할의식에서 비롯되는 노동이므로 무보수 노동이다.

둘째, 가사노동은 금전적 가치를 창출하는 생산노동이 아니므로 사회적인 평가가 낮다.

셋째, 가사노동은 작업계획을 세워 수행하기가 어렵다. 즉, 가족의 생활 상황, 요구 및 사적, 공적 생활에 따라 노동의 시간, 노동의 양, 노동의 질이 규정되므로 자신보다는 가족에 의해 지배되는 노동이며 반구속적이다.

넷째, 가사노동의 내용과 종류는 매우 다양하고, 그 노동이 지속적인 경우보다는 짧게 지속되는 경우가 많아 주의를 한곳에 집중하지 못한다.

다섯째, 가사노동은 휴식시간, 휴일의 구분, 연중 휴가가 없으며, 가족의 생활이 계속되는 한 반복적이고 휴무가 없다.

앞에서 언급한 것처럼, 가사노동은 가족의 사적인 요구를 만족시키고, 내용이 다양하며, 눈에 띄게 결과가 드러나지 않는 노동이므로 그 성과를 객관적으로 평가하는 데 어려움이 따르기는 하지만, 그렇다고 경제적 가치를 인정하지 않는 것은 개선되어야 할 부분이다. 가정주부는 가족과 사회를 위해 생산적인 역할과 활동을 수행함에도 불구하고, 그들의 헌신적 노력은 남성의 직업활동처럼 정당한 평가와 대우를 받지 못하고 있는 실정이다.

최근 들어 여권신장론의 영향에 힘입어 가사노동이 가정에서 귀중하고 가치 있는 일로 주장되고 있지만, 가정주부가 이혼 또는 불의의 사고를 당했을 경우 객관적 자료의 미비로 아직까지 그에 대한 재정적 보상이나 공적 보상을 받지 못한다.

국제노동기구에 따르면, 인간은 하루 24시간 중 수면, 노동, 휴식 시간이 각각 8시간 비율로 생활하는 것이 건강하며 일의 능률을 향상시킬 수 있다. 그런데 한국 주부의 가사노동시간은 8시간을 초과하고 있다.

가사노동시간은 주부가 가사작업을 수행하는 시간을 말하며, 가족의 수와 구성, 가족생활주기, 가정설비기기, 남편의 직업, 주부의 건강 등 가정의 내적 조건과 지역사회 환경, 계절 등 외적인 조건에 영향을 받는데, 주부의 생활시간의 많은 부분을 차지하고 있다. 특히 우리나라는 1980~1990년대의 산업 발전에 따라 가정 및 사회 분야에서 많은 변화가 있었으며, 이는 주부의 가사노동시간에도 커다란 영향을 불러일으켰다.

임정빈, 임혜경(1992)의 연구에 따르면, 가사노동시간은 10년 동안 3시간 정도 경감하였으며, 이러한 추세는 식생활의 간소화, 편의식품의 이용, 외식 증가,

세탁기 보급, 기타 시장상품과 서비스 증가에 따른 결과라고 본다. 그런데 흥미 있는 결과로, 휴일의 가족 돌보기 시간은 10년 전보다 증가하여 가족이 쉬는 날 주부의 노동량은 오히려 증가했다는 것을 알 수 있다.

1994년 자료에 따르면, 전업주부의 가사노동 분담률은 84.7%, 노동시간은 8~12시간인 것으로 나타났다. 전문가 대체 비용법으로 평가할 때 전업주부 1인당 소득은 865,958원으로 환산되며, 전국적으로 이들의 노동가치는 전업 주부 43.8조 원, 취업주부 24조 원으로 주부들의 노동가치는 GNP(국민총생 산)의 22.8%로 추정되고 있다(조우철, 1996). 주부의 가사노동은 '생산인 동 시에 소비'라는 특성을 가지고 있고 현실적으로 보수가 지급되지 않아서 계량 화하기 어렵기 때문에 아직까지 객관적 기준이 마련되지 않고 있는 실정이다.

이와 같이 가사노동에 대한 낮은 평가의 근원은 성차별주의에 기초를 두고 있 으면서, 문화적 가치를 포함하고 있다. 그 문화적 가치 때문에 가정일이 가정 밖 에서의 일이나 생산을 포함하는 일에 비해 가치를 덜 부여받게 되는 불평등한 노동원리가 전개된다. 손덕수(1988)는 가사노동이 여성의 사회적 차별과 열등한 지위와 연결되는 것은 가사노동을 무가치한 것으로 보는 왜곡된 인식에서 비롯 된다고 했다. 지금까지는 가사노동이 비생산적인 노동으로 간주되어 왔지만 자 녀 양육 등의 가사노동은 생산적, 창조적인 것이므로, 주부의 지위 개선을 위해 서는 가사노동에 대한 인식 변화가 먼저 이루어져야 한다.

따라서 전통적인 가치관이 변화되고 구체적인 정책 대안의 실효로, 그동안 가 사노동을 평가 절하해 왔던 기존의 모든 법률, 세제, 관제 등이 개혁되어 가사노 동의 가치가 제도적으로 보장되도록 해야 한다. 또한 주부 스스로 보이지 않는 가사노동을 가치 있는 생산적 노동으로 인식하고 가사노동의 가치와 대가를 인정해야 할 것이다.

## 2) 경제활동에서의 지위

한국은 1970~1980년대의 급격한 성장으로 1990년대 이르러서 경제는 전 세계 GNP 11위(1997)의 순위로 뛰어올랐으며, 21세기에는 더욱 가속화될 전망이다. 그동안 여성의 교육수준 향상과 직업의식의 변화와 함께 정부의 보육시설 확충, 남녀고용평등법(2001) 전문 개정 등에 따라 여성의 경제활동 참여는 꾸준히 증가되어 왔다.

이러한 변화 속에서 여성의 경제활동에서의 참여와 지위는 지속적으로 향상되어 왔지만, 아직도 여성의 경제활동 참여에 대한 기대와 열망을 충분히 채워 주지 못하고 있으며, 실질적인 남녀평등으로 연결되지도 못했다.

우리나라 여성의 경제적 지위를 양적으로 살펴보면, 1963년 남녀 전체 경제활동 인구 중 여성의 비율이 34.4%로 나타났던 데 비해 지속적으로 성장하여 1998년에는 전체의 40.1%를 차지하는 것으로 나타났다. '2009년 통계로 본 여성의 삶'에 따르면, 여성 취업자 가운데 정규직 일자리를 차지한 경우는 29.9%로 남성의 44.2%보다 크게 적었다. 또한 여성이 경제활동에 참여하는 비율은 25~29세가 69.3%로 가장 높았으나, 30대에는 50%로 낮아졌다(중앙일보, 2009. 7. 7). 기혼 여성의 경제활동 참가율은 1995년에는 미혼여성과 비슷한 수준으로(여성 경제활동 인구 전체의 61.7%)까지 증가하여 전체 여성의 경제활동 참가율의 증가에 기여했다(박경숙, 1998).

이와 같이 35년 동안 여성의 경제활동이 증가한 것은 출생률 감소에 따른 자녀양육기간 및 양육부담의 경감, 내구소비재 등의 보급에 따른 자가부담의 경감, 고학력화와 취업 분야의 확대, 여성의 사회 참여 욕구의 증대, 서비스업종의 산업구조가 여성 취업 분야를 확대시키는 방향으로 변화된 결과다(박경숙, 1998). 그러나 40.1%의 여성 경제활동 참여율은 선진국의 평균 수준인 64%(미국 66.5%, 영국 65.4%, 일본 58%; ILD(1993). *Yearbook of Statistics*)에는 못 미치는 수준으로 앞으로 국가 정책 및 기업의 고용조건 개선이 요구되는 부분이다.

여성의 직업별 취업구성비를 보면, 여성의 고학력화에 따라 저학력, 단순직, 노동력 위주였던 분포가 다양화, 전문화되기는 했다. 그러나 아직도 판매 · 서비스직(30.4%)이 가장 높은 비율을 차지하고 있으며 전문 · 기술 · 행정직(25.9%), 제조업(20.4%), 농림 · 수산직(17.2%)의 순으로 나타나고 있다(통계청, 1994). 이는 여성의 경제활동 영역이 아직도 판매 · 서비스직, 제조업, 농림 · 수산직(취업구성비 75%)에 한정되고 있음을 보여 주고 있다. 이와 같은 직종별 차별의 문제는 전문직과 행정직에 진출하려는 여성에게 걸림돌이 되고 있다.

또한 여성의 고용 형태를 살펴보면, 규모로는 5인 미만의 영세사업장에서 근무하는 비율이 62.7%(남자 44.6%)이며(한국여성개발원, 1995), 비임금 근로자의 비율이 감소하는 추세이기는 하지만 아직도 56.7%가 비임금 근로를 하고 있다. 임금 근로자의 남녀 비율은 72% 대 28%이고, 직책으로 과장 이상의 임원의 남녀 비율은 97.4% 대 2.6%이며(노동부, 1995), 임금도 제조업의 경우 여성은 남성 근로자의 57% 수준밖에 되지 않는다(통계청, 1995). 이러한 고용 형태에 나타난 여성 근로자의 열악한 지위는 차별적 고용의 관행에서 비롯된 것이라 하겠다. 채용, 승진, 보직, 교육훈련에서 관행적으로 답습되는 남녀차별에는 근본적인 문제가 있으며, 이는 고학력 여성의 취업을 확대하기 위해 주목되는 영역이다. 취약한 여성 고용 문제로 여성의 경우 단기근무가 주를 이루고 있는데, 대부분이 1~2년 근속자이며, 5년 이상 근속자가 21.5%(1994), 10년 이상 근속자는 6.1%로 중견 여성 인력 양성이 되지 않아 결과적으로 성의 계층화 현상을 심화시키고 있다. 이러한 현상은 여성의 결혼, 출산에 따른 가사와 육아 및 자녀의 상급학교 입학, 특히 대학입시에 수반되는 어머니의 역할 분담 때문에 취업률이 떨어지는 것으로 여성 자신의 문제가 아니라 가정 내 성역할 분업, 보육시설 미비 및 대학입시제도 등의 사회적 문제 내지는 가부장적인 이데올로기에서 비롯된 것이다.

우리 사회의 밑바탕에 깔린 전통적 가치관, 가부장적 이데올로기 등에 따른 성별 역할, 업무 구분 및 성차별적인 고용 관행 때문에 여성의 경제적 제 조건이 불합리하고 열악한 상황에 놓여 있다. 게다가 최근 우리나라는 국제통화기금(IMF) 체제 이후 기업의 구조조정에 따라 여성 평사원 퇴직률이 20.9%로 남성의 2배에 이르고 있으며, 결혼, 임신에 따른 퇴직이 부활되면서 고용 성차별이 고개를 들고 있다. 이와 같은 현상은 단순직뿐만 아니라 전문 직종에 종사하는 여성에게도 확산되고 있어 여성 취업 인구는 크게 감소할 전망이다. 그러므로 IMF 체제 이후 여성의 경제활동과 지위는 앞으로 더욱 부정적인 변화를 일으킬 것으로 예상된다.

또한 최근의 경제 위기 상황에서 일자리가 2008년도에 남성은 1만 9,000명

정도, 여성은 8만 4,000명이나 줄어들었으며, 현재 전체 여성 임금 노동자 다수는 비정규직에 종사한다. 또한 결코 적지 않은 여성이 경제적 목적이든 자아실현의 목적이든 일하기를 원하고 있다. 그러나 단지 여성이라는 이유 하나로 노동시장에서 배제되고 차별받고 있다(중앙일보, 2009. 3. 11).

한국 사회에서 남성중심의 이분화된 사고는 여성과 남성에 대한 편견과 차별의 형태로 이어져 내려오면서, 여성은 정치, 경제, 사회, 문화, 교육 등 여러 방면에서 남성과 평등한 관계를 맺지 못한 채 성장·발달 과정에서 많은 아픔을 경험해야 했다. 최근 한국의 사회 및 경제가 성장기를 거치면서 여성의 지위가 꾸준히 향상되고 있지만 여성의 기대, 열망에는 아직 못 미치고 있다. 특히 한국 가정주부의 가사 및 경제적 지위가 남성에 비해 낮은 원인은 '여성의 영역을 가정'으로 국한시키고 여성을 열등한 존재로 평가 절하하는 성차별적 사회화에 있다고 본다. 그러므로 여성의 지위가 남성과 평등해지기 위해서는 우리 사회에서 만연하는 여성에 대한 고정관념이 사라져야 한다.

그러나 현재까지도 가정주부는 전통적으로 답습되어 온 남녀 불평등의 가치관에 얽매여 있다. 노혜숙 등(1998)의 연구에 따르면, 한국의 가정주부는 어느 정도 의식 향상이 되어 가사노동에 관해 보수를 요구하는 등 경제에 대해 민감한 반응을 보이고 있지만, 여전히 '여성＝가사일, 남성＝직장'이라는 성이분법적 사고가 작용하여 집안일—자녀 돌보기, 자녀 학습지도, 설거지, 집안 청소, 빨래하기, 시장 보기, 가계비 관리 등—을 여성의 일로 지각하고 있는 것으로 나타났다.

이와 같이 여성은 자신의 잠재된 삶을 의식하지 못한 채 고정관념화된 삶을 살고 있으며, 그 결과 그들의 지위는 아직까지 크게 향상되지 못하고 있다. 그러므로 한국 여성의 가사 · 경제 활동에서의 지위 향상을 위해서는 전통적 성역할 사회화 과정을 경험한 여성이 재사회화 과정을 통하여 성차별적 편견으로부터 자유로워져서 성평등 사고를 형성하도록 의식을 향상시키는 재교육이 요구된다. 이러한 재교육을 통해 여성은 성역할 고정관념의 억압을 받지 않는 자유로운 개인으로 성장하여 자신감과 독립적인 힘을 갖출 수 있으며, 더불어 사회적 지위가 변화되면서 삶의 질도 높아질 것이다.

# Chapter 02

# 성역할정체감

인류학, 사회학, 여성학 등 여러 학문 분야에서 성(sex)에 관한 연구가 시작되면서, 남녀의 차이는 생물학적 측면보다는 사회·문학적 측면과 더 관련이 있다는 데 그 의견이 일치되고 있다. 따라서 심리학, 교육학에서는 인간 행동의 심리학적 변인들 사이의 관계를 성과 성역할(sex role)에 초점을 맞추어 탐구해 왔다.

개인은 출생하면서 자신의 역할(role)을 부여받게 되는데, Hurlock(1983)은 이러한 역할 중 한 사회집단에서 수용하고 인정하는 남녀 각 구성원에게 동일시되는 행동 형태를 성역할이라고 정의하고 있다. Whitley(1983)는 성역할 개념에 대해 다음과 같은 측면을 지적하고 있다.

첫째, 인류학적 측면에서 성역할은 개인의 위치가 성(sex)에 따라 사회적 구조 속에서 어떻게 결정되느냐와 관련이 있다. 둘째, 사회학적 측면에서는 개인과 타인과의 관계가 성에 따라 어떻게 결정되는가 하는 것이다. 셋째, 심리학적 측면에서 성역할은 개인의 성격과 행동이 성에 따라 어떻게 결정되는가와 관련된다. 성역할은 이러한 세 가지의 의미를 내포하고 있는데, 여기에서 제시하는 성역할의 개념은 세 번째의 관점을 취하고 있다.

## 1. 성역할정체감 이론

개인의 성장 발달 과정 중에 획득되는 성격, 능력, 태도, 가치관 등의 심리적 특성은 그 개인이 속한 사회·문화적 요소와의 상호작용에 따라 결정된다. 이러한 사회화의 경험을 통하여 개인이 가진 잠재력을 촉진·개발시켜 자아성장을 극대화하는 것은 그들의 성공적인 삶에 무엇보다도 중요하다.

그러나 우리 사회는 성차별주의 가치관을 토대로 한 교육활동이 가정, 학교, 사회에서 전개되고 있기 때문에, 어린 시절부터의 사회화 과정이나 학습경험 등에서 평등한 관계를 유지하면서 성장·발달하지 못하고 있다. 특히 유교적 가부장제의 가치관은 아직까지도 한국 사회를 지배하는 힘으로 작용하고 있어, 지도력, 유능함, 독립성, 경쟁력, 지적 성취, 성공 등과 같은 특성을 남성다움으로, 수동성, 순종성, 의존성 등과 같은 종속적인 특성을 여성다움으로 연결시키고 있다. 그러나 심리학, 사회학, 교육학 등의 학문 분야에서 여성과 남성에 대한 성(gender)의 연구가 시작되면서, 남녀의 차이는 생물학적 측면보다는 사회·문화적 측면과 더 관련이 있다는 데 의견이 일치되고 있다. 예를 들어, 어린 시절부터 여아는 힘들고 독립적이며 주도력을 발휘하는 일 대신에 편안하고 안전한 일만을 하도록 훈련받아 왔기 때문에 성인이 되어도 타인의 보살핌을 받고자 하는 심리적 의존 상태가 그대로 남아 있게 된다. 반면에 남아는 도전적이고 성취 지향적이며 주도력 등을 발휘하는 특성이 길러지면서 사회의 지도자적인 위치에서 자율적으로 자신의 능력을 발휘할 수 있게 된다. 이와 같이 초기 어린 시절의 사회화 과정 중에 평등한 성역할 개념을 획득하는 것은 개인의 성격, 태도, 활동, 미래의 직업 선택뿐만 아니라 변화하는 사회에 융통성 있게 적응하는 데 중요하다고 할 수 있다.

성역할사회화 과정에서 2~3세의 아동은 자신이 남성 또는 여성이라는 성별 정체감(gender identity)을 가진 다음, 자신이 속한 사회, 문화에서 자신의 성에 적합하다고 규정된 일련의 가치관과 특성을 습득해 가는 성정형화 과정을 거친다. 이와 같이 성별에 따라 획득되는 성격 특성, 태도, 선호 경향, 행동 등을 모두 합하여 성역할이라고 정의하며(정진경, 1987), 상술한 성정형화를 포함하여 부모, 형제, 교사 등 사회화를 촉진시켜 주는 주위 사람을 통해 성별에 적절한 역할을 인식하는 과정을 성역할사회화라고 한다(윤진, 1981).

이와 같이 성역할사회화는 어릴 때부터 남자와 여자 아이를 대하는 태도와 그들이 갖고 노는 장난감과 놀이의 종류, 그림동화, TV 만화 등을 통해 그들에게 사회적으로 기대되는 행동 양식을 차별화시킨다. 성역할 사회화 과정은 사회의 역할 규정과 개인의 역할 수행 사이를 연결하는데, 이러한 과정에서 성역할정체감(gender-role identity)이 형성된다. 즉, 각 개인에 따라 성역할 행동이 어느 정도 습득되면서 행동에서 나타나는 친교성과 같은 여성적 특성과 행위주체성 같은 남성적 특성의 정도와 형태를 성역할정체감이라 한다. 성역할정체감의 형성은 개인의 성장 과정에서 자아상을 확립하는 자아 평가 및 자아정체감 형성에 영향을 준다.

전통적인 성역할사회화 이론에서는 개인의 성역할정체감은 생애 초기에 획득되며, 일단 형성된 성역할정체감은 성인기까지 지속된다고 본다. 이러한 과정은 자동적으로 이루어지는 것이 아니라 타인에 대한 동일시, 강화와 모방, 개인의 인지능력의 발달을 통하여 형성된다. 이러한 견해를 지지하는 대표적인 이론으로는 정신분석학 이론, 사회학습이론 및 인지발달이론이 있다(김영희, 1989).

**정신분석학 이론**　　성본능이 발달의 주체를 이룬다고 보는 정신분석학 이론에서는 성역할사회화 과정을 엘렉트라 콤플렉스(electra complex)와 오이디푸스 콤플렉스(oedipus complex)에 대한 동일시 과정으로 설명하고 있다. 여기서 동일시 과정이란 아동이 동성 부모의 성격, 가치, 야망, 버릇 등을 모방하는 과정을 의미한다.

따라서 남아의 경우 오이디푸스 콤플렉스와 거세불안(castration anxiety)이 유발되면서, 아버지에 대한 선망과 동일시가 형성된다. 여아는 여성의 해부학적 특징과 남근선망(penis envy)으로 여성 특유의 심리적 특성을 형성하며, 이와 동시에 순조롭게 해결되지 못한 열등감에 따라 수동성, 의존성과 같은 여성적 특성이 확립된다.

이와 같이 아동은 어린 시절에 부모를 동일시함으로써 남녀의 성역할을 구분하고, 이것이 고착화됨으로써 여아는 수동적인 여성의 특성, 남아는 능동적인 남성의 특성을 갖는 전통적인 성역할정체감이 발달한다고 본다. Freud의 성역할 동일시 이론은, 특히 여권신장론자들에게 여성이 남성과 동등한 위치에서 자아성장을 하는 데 방해요인이 된다는 비판을 받고 있지만, 그의 기본 이론은 성역할사회화의 설명에 아직도 큰 영향을 미치고 있다.

사회학습이론  사회학습이론에서는 아동이 그 사회가 기대하는 성역할에 적합한 행동을 모델링, 모방, 강화를 통하여 학습하면서 여성성 또는 남성성의 성역할정체감을 형성한다고 설명하고 있다. 이때 어떤 모델을 선택하는가는 어떤 강화를 받을 수 있느냐에 달려 있다. 예를 들어, 아동이 성의 모델이 될 수 있는 부모, 형제, 친구, 교사, 그림동화 및 TV 만화의 주인공들 가운데에서 자신의 성별에 맞는 모델을 선택해서 반응하면, 사회적, 물리적 보상을 받게 됨으로써 강화된 행동을 증가시키게 된다. 부모나 주위 사람은 여아의 능동적 공격행위에 대해서는 벌을 주지만, 복종과 의존성에는 보상을 준다. 남아에게는 활동적, 주장적 행위에 보상을 주지만, 인형놀이, 소꿉놀이에는 벌을 주거나 무시해 버림으로써 성에 부적절한 행동을 소멸시키게 된다. 그러나 아동의 성역할 학습 과정이 강화기제로 모두 설명될 수 없으므로, 학습이론가들은 직접적인 강화 없이 관찰 결과로 일어날 수 있는 모방의 역할을 강조했다. 특히 동성 부모를 모방하는 것은 여아, 남아가 어떻게 성고정화된 행동을 획득하여 여성성, 남성성정체감을 발달시키는가를 아주 잘 설명해 준다.

다시 말하면, 남아는 아버지의 능력 등을 모방함으로써 남성다워지며, 여아는 어머니의 행동과 태도를 모방하여 여성다워지는 것이다. 이와 같이 아동은 모델링, 모방, 강화를 통해 성역할에 적합한 행동을 학습하면서 성역할정체감을 발달시키는데, 이때 부모가 모델이 되어 이루어지는 학습이 중요한 역할을 한다고 보는 것이 사회학습이론적 견해다.

인지발달이론    Kohlberg 등의 인지이론가들은 성별화, 성역할사회화의 가장 기본적인 요인은 자신이 소속된 남성 혹은 여성이라는 개념적 범주에 대한 지식이라고 본다. 남성 또는 여성으로 자기를 범주화시키는 것은 아주 어릴 때부터 시작되는데, 이러한 범주화는 자신의 활동, 가치, 태도, 동기, 생각하는 방법을 결정하는 요인이 된다.

Kohlberg에 따르면(Frieze et al., 1978), 아동이 성역할 행동을 획득하는 데 세 단계를 통과한다. 먼저 아동은 양성(both sexes) 중의 하나로 태어났다는 사실을 인지함으로써 성별 정체감을 획득하고, 성별에 따라 타인을 구별한다. 성별 정체감은 시간이 경과함에 따라 더욱 확고하게 되어 성불변성(the constancy of gender)을 받아들이며, 이 시기(5~6세)에 여성 또는 남성의 역할에 맞는 행동과 사물을 구분하기 시작한다. 그다음으로 아동은 성별 정체감, 성역할에 적절한 행동을 분류하고, 자기중심적 사고를 기초로 자신의 가치세계를 발전시키는데, 특히 이성보다는 동성의 행동, 태도에 더 가치를 부여하고 따른다. 마지막으로 이와 같은 변별적 가치 부여와 모방의 결과 아동은 동성 부모에 대한 정서적 애착(emotional attachment), 즉 동일시를 하면서 자신의 역할을 구성하고, 지속적이고 다양한 외부세계의 영향을 받아들임으로써 여아는 여성적 특성, 남아는 남성적 특성으로 성역할정체감을 형성한다. 이때 아동은 어떤 행동, 의견, 정서가 여성다운지 또는 남성다운지를 학습하여 일상생활에서 자신의 성에 적절한 성역할 특성에 따라 행동을 한다. 예를 들어, 여아는 매력적이고 친절한 성품을, 남아는 경쟁심이나 성취능력 등을 획득한다. 이와 같은 자신의 성에 적절한 긍정적인 평가는 외부세계로 연장되는데, 아동이 인지적 성별 분류와 조화된 모델을 구하는 과정에서 가장 중요한 모델은 부모다. 즉, 여아는 어머니, 남아는 아버지를 더 동일시하고 모방함으로써 성역할정체감이 발달된다(Unger, 1979).

지금까지 성역할정체감의 발달을 설명하는 세 가지 중요한 발달이론을 살펴보았다. 이러한 이론들이 주장하는 것은 한 개인이 성(sex)에 대한 지각을 거쳐 성역할사회화 과정이 계속되면서 그 사회, 문화가 요구하는 고정관념화된 성역할을 습득한 결과, 남성은 남성성정체감을 여성은 여성성정체감을 발달시킨다는 것이다. 그러나 이 이론들이 내세우는 성역할사회화 과정은 남성은 남성적 특성을, 여성은 여성적 특성만을 획득하는 것이 이상적이고 성공적인 발달임을 주장하고 있다는 점에서 많은 비판을 받고 있다(Bem, 1974; Fisher & Narus, 1981).

이러한 견해에 대한 도전은 Bem(1974), Heilbrun(1976) 등에 의해 강하게 제기되었으며, 이러한 학문적 도전이 양성성정체감을 개념화하는 데 크게 기여했다.

## 2. 성역할정체감과 심리적 적응

현대의 심리학, 정신의학뿐만 아니라 사회의 각 분야에 영향을 주었던 Freud
는 여성에 대해 해부학적 운명론(anatomy is destiny)를 주장하면서 여성을 불완
전하고 열등한 존재로 보았다. 그는 여성의 평가 절하된 지위는 사회·문화적
이유라기보다는 생물학적, 해부학적 차이에서 비롯된다고 하면서 그것이 여성
과 남성의 심리적 또는 성격적 차이를 결정한다고 주장했다. 최근까지도 여성에
대한 Freud의 주장은 상당한 영향력을 가지고 있으며, 심리학과 심리치료 분야
의 역사를 살펴볼 때 여권신장론자들의 비평이 있기 전까지는 문제시되지 않았
으며, 그 문제 자체를 인식하지도 못했다. 따라서 가부장적 사회구조 속에서 여
성이 여성다운 특성, 남성이 남성다운 특성에 일치한 행동을 하는 것이 자신의
성(sex)과 일치하지 않는 행동을 하는 남녀보다 심리적으로 더 건강하고 적응을
잘하는 것으로 최근까지 주장되어 왔다.

이러한 전통적인 입장의 타당성을 밝히기 위해 성역할정체감과 심리적 적응
(psychological well-being)과의 관련성에 대한 연구가 계속되어 왔으며, 대표적
으로 다음과 같은 세 가지 모형을 중심으로 탐색되었다.

**전통적 일치모형(traditional congruence model)**    1973년 이전 심리학 분야의 연
구자들에게는 남성성과 여성성은 단일 차원(single dimension)의 양쪽 끝에 있는
것으로 개념화되었기 때문에, 개인은 남성성 또는 여성성정체감 중의 하나만을

갖는 것으로 생각했다.

따라서 개인의 생물학적 성(sex)과 전통적인 성역할 특성이 일치할 때 심리적으로 적응을 잘하는 것으로 간주했고, 이러한 규준에서 벗어나는 것은 비정상적이고 문제가 있는 상태로 보았다(Cate & Sugawara, 1986). 그러므로 이 모형에서는 전통적인 성역할을 수용하고 발달시켜 남성은 남성성정체감을, 여성은 여성성정체감을 갖는 것이 심리적으로 적응을 잘하는 것이며, 정신건강의 필수조건이라고 했다. 이 모형을 지지하는 학자는 Kagan(1964) 등이 있는데, 그들은 성역할 발달을 성정형화된 행동의 습득과 동일한 것으로 보고, 이러한 과정을 따르는 것이 자연스러운 현상이고 심리적 적응과 건강에 바람직하다는 견해를 주장했다.

양성성 모형(androgyny model)　　이 모형을 주장한 대표 학자로는 Bem(1974)을 들 수 있다. Bem은 전통적 성역할 고정관념에 도전하여 성차별주의에 따라 남녀의 역할을 구분하는 것이 개인에게 더 건강하다는 가정에 강한 의문을 제기했다. 그 이후 Bem은 남성성과 여성성은 독립 차원(independent dimensions)으로서, 한 개인 내에 남성성과 여성성이 함께 공존하면서 한쪽 성만을 갖는 개인이 존재할 수도 있고 이 둘을 모두 갖는 양성성 개인도 있을 수 있다는 양성성 이론(androgyny theory)을 제안했다. 양성성정체감을 지니는 개인은 남성성 변인 점수와 여성성 변인 점수 간의 차이가 거의 없이 모두 높았으며, 전통적으로 성유형화된 개인보다 성역할 행동을 할 때 더 유연성을 나타낸다. 예를 들어, 여성적 특성이라고 표현되는 온화함, 모성애 등의 특성과, 자기주장이 강하고 경쟁적이며 독립적인 성향이 강한 남성적 특성의 양면을 조화롭게 지닌다.

따라서 이들은 능력이 있고, 성취지향적이며, 대인관계가 원만하고, 적응을 잘 하기 때문에 정신적으로 건강한 삶을 유지한다고 볼 수 있다. 즉, 양성성 개인은 고정관념화된 성역할 제한으로부터 자유로워 변화하는 사회적 요구에 융통성 있게 반응할 수 있는 유능한 개인이라고 정의할 수 있다. 그러므로 양성성 모형에서 성역할 발달의 목표는 엄격한 성유형화된 정체감을 획득하는 것이 아니라, 성(sex)에 상관없이 남성적 특성(행위주체성)과 여성적 특성(친교성) 간의 균형을 이루는 양성성정체감을 형성하여, 심리적으로 왜곡되고 억압되지 않는 자유로운 개인으로 성장하여 건강한 자아실현인으로서의 삶을 영위하는 것이라 할 수 있다.

남성성 모형(masculinity model)    Bem의 양성성 이론의 발달과 함께, 1970년대의 연구에는 남성적 특성과 여성적 특성이 유연하게 공존하는 양성성정체감이 일상생활의 적응과 정신건강에 관련하여 바람직한 모델로 제시되었다.

양성성정체감과 심리적 적응에 관한 많은 연구가 이루어져 경험적 결과가 쌓이고 더 깊이 분석됨에 따라, 양성성정체감을 가진 개인이 심리적으로 잘 적응하는 것은 양성성의 남성성 요인(masculinity component)이 심리적 적응에 더 효율적으로 작용하기 때문이라는 주장이 Whitley(1983)에게 제기되었다. 그에 따르면, 남성성 요인이 심리적 적응과 밀접히 관련되며, 여성성 요인(femininty component)은 심리적 적응에는 힘을 발휘하지 못한다. 이러한 견해는 심리적 적응이 남녀 모두에서 남성성과 연결된다는 점에서 남성성 모형이라고 부른다(O' Conner, Mann, & Bardwick, 1978).

한편 한국에서도 앞의 세 가지 모형이 주장하는 입장의 타당성을 밝히기 위해 성역할정체감과 심리적 적응과의 관련성에 관한 연구가 계속되어 왔다(김영희, 1996). 다음은 이러한 연구들의 결과를 요약한 것이다.

첫째, 양성성정체감이 심리적 적응에 효율적이라는 연구에서 양성성정체감이 다른 정체감보다 자아존중감, 성공공포, 의사결정 및 정신건강에 대처하는 능력이 효과적임을 입증하고 있다(송은경, 1993; 이재연, 1983; 전은경, 1992; 정승미, 1985; 조인선, 1986).

둘째, 남성성정체감이 심리적 적응과 강한 관련을 가지고 있다는 연구에서 남성성정체감이 성공공포, 학습된 무기력을 극복하여 자아실현을 할 수 있는 심리적 적응의 강한 예언자임을 밝히고 있다(김영희, 1989; 임수정, 1987).

셋째, 양성성정체감과 남성성정체감 모두가 심리적 적응과 관계가 있다고 보는 견해에서는, 이 두 정체감이 모두 자아존중감, 무기력, 진로의식 수준, 인지능력, 심리적 건강과 높은 상관을 보임으로써 심리적 적응과 관련이 있음을 증명하고 있다(김영희, 1989; 이송자, 1993; 장윤선, 1993; 장재정, 1987; 최인아, 1988).

이러한 연구 결과를 통해 결국 심리적 적응과 양성성정체감, 남성성정체감이 모두 밀접하게 관련되어 있음을 추론할 수 있다. 그러므로 어떤 유형의 성역할정체감이 더 심리적 적응에 적절한가에 대해서는 지속적인 연구가 이루어져야 한다.

Cano, Solomon, Holmes(1984)도 양성성정체감이 심리적 적응과 관련성이 있는 것은 양성성 특성 중에 남성성 구성요인이 영향을 줄 가능성이 있음을 시사하고 있다. 그는 남녀 대학생 피험자를 대상으로 성역할정체감 유형과 성공공포와의 관계를 연구한 결과 남성성정체감의 구성요인 중 '높은 자신감, 결단력, 분석력, 독립심'이 낮은 성공공포 점수와 관련성이 있음을 제시하고 있다. 또한 김영희(1989)는 성역할정체감 유형과 학습된 무기력의 연구에서 남성성정체감의 구성요인인 '경제적 자립심, 독립성, 목표를 향한 적극성, 성취욕구, 사회의 중추적인 역할을 수행하는 능력, 자신감, 칠전팔기의 정신력, 포부와 야망성, 운동지향성'이 무기력의 경감과 관련되어 있음을 제시했다. 여성적 특성의 존재보다 남성적 특성의 부재가 무기력, 성공공포와 관련되어 있음을 밝히는 최근의 연구들을 통해 심리적 적응의 측면에서 남성성 요인이 여성성 요인보다 더 결정적인 영향을 주는 요인으로 부각되고 있다. 다시 말하면, 여성의 심리적 장애의 원인이 전통적 여성의 성역할에 있음을 암시하는 것이다.

현재 우리나라에서 여성에 대한 대부분의 평가는 굴절되어 있어서 여성은 대체로 정당한 지위를 누리지 못하고 있다. 이는 성차별주의에 따른 남성지배 문화가 존재한 이후 남성적 특성만이 가치 있는 것으로 수용되고 여성적 특성이 인간의 성격 특성으로 가치 있게 인정받지 못했다는 것을 단적으로 말해 준다. 여기서 남성적 특성만이 가치 있는 것으로 수용되고 여성적 특성이 인간의 성격 특성으로 가치 있게 인정받지 못한다면, 남녀평등을 지향하는 21세기의 열린 사회는 모순에 빠지게 된다. 그러므로 성차별주의로 발생한 사회구조적 모순을 재평가하여 남녀 모두의 의식 수준이 변화되어야 하고, 지금까지 남성성, 여성성 요인으로 분리된 성격 차원을 통합하여 서로의 성격 특성을 긍정적으로 인정하는 재사회화 과정을 통해 성장해야 할 것이다.

요약하면, 가부장적 남성중심 사회에서의 한국 여성은 성차별, 성역할 고정관념, 여성 비하 등의 사회·문화적 원인에 따라 여성적 특성만을 가진 경우 자아 존중감의 저하, 우울, 무기력, 성공공포, 정신건강의 저해 등으로 심리적 고통을 받고 있다. 그러므로 성역할 고정화된 여성들의 심리적 적응과 성장을 위해서 여성에게 내면화된 '남성＝우월, 공적 활동, 여성＝비하, 가사활동' 이라는 성역할 고정관념에서 벗어날 수 있는 재교육을 통한 의식 변화 과정이 필요하다.

# Chapter 03

# 성역할정체감과
# 학습된 무기력

한국 여성은 전통적 성역할사회화의 영향으로, 여성이 여성다운 특성에 일치한 행동을 했을 때 자신의 성별과 일치하지 않은 행동을 하는 여성보다 심리적으로 더 건강하고 적응을 잘하는 것이라고 강화받아 왔다. 그러나 급변하는 사회 속에서 성정형화된 여성은 항상 성역할에 적합한 상황에 처하는 것이 아니기 때문에 자신에게 주어진 성역할에 조금 벗어나는 상황에는 적응하기 어려워 결과적으로는 자신감의 저하, 무기력, 우울, 성공공포 등의 심리적 적응장애가 발생하여 자유로운 성장에 걸림돌이 되고 있다.

이와 같이 한국의 사회·문화적 현실 속에서 여성이 경험하는 특유의 여성문제는 여성과 남성의 불평등한 사회화 과정에서 비롯된 것이 많다.

특히 개인의 삶의 질을 중요시하는 현대의 성취지향적인 사회에서 학습된 무기력, 성공공포 등은 여성의 자아성장을 저해하는 심리적 장애요인이다. 이러한 장애요인을 여성의 입장에서 조명해 보기로 한다.


# 1. 학습된 무기력

## 1) 학습된 무기력 이론

개인이 건강한 성장을 하기 위해 필요한 요인들 중의 하나는 자기가 어떤 반응을 하면 그에 응하여 기대되는 결과가 생기고, 또 반응을 하지 않을 경우에는 그런 결과를 얻을 수 없을 것이라는 예측에 대한 믿음이다. 이는 각 개인이 자신이 처한 환경을 스스로 자유롭게 통제할 수 있음을 뜻하며, 이때 개인은 무기력해지지 않고 환경에 잘 적응하면서 창조적인 발전을 할 수 있다. 그러나 자신의 행동 반응과는 상관없이 모든 일이 이루어진다면, 다시 말해서 모든 일이 자신의 통제를 벗어나 속수무책인 상태가 되어 버리면, 여러 가지 심리적 혼란이 발생하여 결국에는 미래에 대한 기대조차 할 수 없는 무력감을 경험하게 된다. 예를 들어, 개인이 자신이 처한 환경에서 무슨 일이 일어나든지 간에 자신이 자발적으로 할 수 있는 일은 아무것도 없다고 느끼면, 그는 주변 상황을 통제할 수 있는 능력을 재설립하려 하지 않고 육체적, 심리적 위협과 벌을 그대로 수용하는 수동성을 발달시키고, 생존에 대한 삶의 의지(will)를 상실하는 부정적 심리 상태에 이르게 된다(Robert, 1982).

Seligman(1975)에 따르면, 학습된 무기력이 발생하는 가장 중요한 요인은 자신의 반응이 미래에 일어날 결과를 통제하지 못할 것이라는 예측, 즉 반응과 결과가 무관적(non-contingent)일 것이라는 기대이며, 이는 통제되지 않는 현실적 경험에서 발달된다. 이와 같이 학습된 무기력은 도피할 수 없는 혐오적 사상에 노출되었을 때 자신의 반응과 그 반응의 결과 사이에 유관성이 없다는 것을 학습하여 자신의 행동이 결과를 좌우할 수 없다는 통제불능에의 기대를 갖는 것이라고 정의할 수 있다(Seligman, 1975). 따라서 실제로 반응-결과 간의 유관성이 있는 상황에서도 개인은 반응을 하려는 동기가 저하되고, 반응을 하면 효과가 있다는 사실을 학습할 능력이 감퇴되며, 우울과 불안 상태를 유발하는 동기적, 인지적, 정서적 손상을 일으키게 된다(Seligman, 1975). 그러므로 학습된 무기력의 일반적인 증상으로는 수동성과 학습의 손상, 공격성의 감소, 우울, 문제해결 전략의 효율성 저하, 기대와 행동을 쉽게 포기하는 인내성의 부족 등과 같이 유기체의 기능을 저하시키는 특징이 나타난다(Dweck & Reppucci, 1973). 이와 같이 무기력은 단일 증상(unitary syndrome)이 아니기 때문에 통제할 수 없는 사상(events)에 노출된 유기체들은 나중에 행동의 분열을 일으킴으로써 성장에 커다란 장애요인이 된다. 따라서 이러한 심리적 상태를 설명하기 위해 Seligman은 학습된 무기력 가설(learned helplessness hypothesis)을 제시하게 되었다.

상술한 학습된 무기력 이론의 가장 초기 연구는 Richter(1957)의 실험을 들 수 있다. 그는 야생쥐를 피험 동물로 사용했는데, 이들을 따뜻한 물이 담긴 물통에 집어 넣고 60시간 수영하도록 했다. 이때 어떤 쥐들은 다른 쥐들과 달리 몇 분간 열심히 수영을 하다가 금방 익사하는 반응을 보였다. Richter는 주의 깊게 그의 연구 절차를 재검토한 결과, 빨리 익사하는 쥐들은 우리(cage)에서 물통으로 이동되는 과정 사이에 Richter의 손에 잡혀서 그의 손을 벗어나려고 투쟁을 계속하다 멈출 때까지 꽉 쥐고 있었던, 즉 도피할 수 없는 혐오적 상황을 경험한 무기력해진 쥐들임을 발견했다. 그는 빨리 익사하는 쥐들은 이러한 혐오적 상황에서 통제불능을 경험하게 되면서 무기력이 유발되어 쉽게 포기하는 행동 결과를 가져온 것이라고 추론했다. 이와 같은 야생쥐들의 갑작스러운 죽음에 대한 결과가 무기력 가설이 효과적임을 입증하고 있다.

Richter(1957)의 연구 이후로 이 분야의 연구자들은 쥐, 개, 고양이, 물고기를 대상으로 학습된 무기력에 대한 많은 연구를 수행했다. Seligman과 Maier(1967)는 동물을 대상으로 공포 조건 형성과 도구적 조건 형성 간의 관계를 연구하던 과정에서 학습된 무기력 현상을 발견하게 되었다. Overmier와 Seligman(1967)은 도피할 수 없는 상황에서 전기 충격을 경험한 개들에게 도피(escape)-회피(avoid) 행동의 학습을 시키던 중에 회피 가능한 다른 상황에 처하게 되어도 회피 반응을 하지 않음을 발견했다. Seligman과 Maier(1967)는 이것은 개들이 통제불능을 경험한 결과, 자신의 반응과 그에 따르는 결과가 서로 무관적임을 학습함으로써 회피 반응을 하지 못하는 것이라고 했다. 이러한 연구 결과를 발표하면서 Seligman과 동료들은 학습된 무기력 이론의 원가설(original hypothesis)을 공식화했다.

이와 같이 동물을 대상으로 한 실험 결과에서 발견된 학습된 무기력 이론을 인간 피험자를 연구대상으로 하여 그 적용 범위를 탐색하기 위한 연구가 계속되어 왔다. Stuart(1977)는 인간을 대상으로 한 학습된 무기력의 연구 흐름을 다음과 같이 제시하고 있다.

첫째, 동물실험에서 발견된 학습된 무기력 모형을 인간을 피험자로 하여 그대로 적용시켜 본 대표적 연구들로는 Hiroto(1974), Hiroto와 Seligman(1975)의 연구들이 있다. 이 연구들은 동물에게서 무기력을 유발시켰던 회피불가능한 전기 쇼크뿐만 아니라, 통제불가능한 소음(loud sound), 해결불가능한 인지 과제에서 인간 피험자에게 무기력이 유발됨을 밝힘으로써, 피험 동물을 대상으로 한 실험 결과에서 발견된 학습된 무기력 효과가 인간의 행동에도 적용됨을 입증했다.

둘째, 학습된 무기력을 자연발생적인 우울증을 설명하는 실험실 모델로 연구한 대표 학자는 Miller와 Seligman(1975, 1976) 등이다. 이 연구들은 인간 행동의 동기적, 정서적, 인지적 측면에서 볼 때 실험실 상황에서 유도된 학습된 무기력 행동과 인간의 자연발생적인 우울증과의 유사성을 발견하고, 이를 우울증의 모형으로 제시함으로써 우울증의 예방과 치료에 대한 시사점을 제시했다.

그런데 인간의 자연발생적인 우울증과 실험실 상황에서 유발된 학습된 무기력은 몇 가지 유사성을 가진다. 우울한 개인과 무기력한 개인은 모두 자신의 행동 반응과 결과가 서로 독립적임을 학습함으로써 자기 스스로가 가치화된 목표를 통제할 수 없다고 믿는다. 곧 우울증 환자는 실험실 상황에서 무기력을 경험한 피험자가 일으키는 것과 같은 장애, 예를 들어 주도력이 저하되고, 낮은 자아 평가와 힘의 상실, 경쟁적 · 공격적 행동의 감소, 미래 기대에 대한 불투명감, 자신의 욕구 충족이나 고통으로부터의 해방을 스스로 통제할 능력을 상실하는 것과 같은 장애를 나타내는데 이로써 두 가지가 같은 근원을 갖는 것으로 추측할 수 있다.

Klein, Fencil-Morse, Seligman(1976)의 연구에 따르면, 해결할 수 없는 무기력 유발 훈련을 받은 우울하지 않은 피험자들은 글자 수수께끼 과제에 대한 후속 과제를 해결하는 데 수행능력이 저조했다. 이와 같은 수행능력의 저하는 무기력 유발 훈련을 받지 않았던 우울한 피험자의 수행능력과 같음을 밝힘으로써 무기력과 우울 사이의 유사한 관계를 입증했다. 인간을 대상으로 하여 학습된 무기력을 연구한 대표적인 연구는 Hiroto와 Seligman(1975)에 의해 이루어졌다. 이 연구는 인간의 학습된 무기력의 효과가 동물실험에서의 회피불가능한 전기쇼크에 따른 상황에서 무기력 증상이 유발된 것처럼 비유사 상황(disimilar situations)에도 일반화되는가를 검증했다. 이는 무기력 현상이 전기쇼크 또는 소음과 같은 도피할 수 없는 혐오적 상황뿐만 아니라 글자 수수께끼와 같은 해결할 수 없는 인지적 과제에 대해서도 무기력이 유발되는가를 탐색하는 중요한 연구였다. 이 실험으로 인간에게도 통제불능의 경험이 학습된 무기력을 유발한다는 것이 밝혀졌으며, 또한 이러한 현상은 자신의 반응과 이 반응에 대한 강화가 무관적임을 학습하거나 무관적일 것으로 기대하는 데서 발생했음을 입증했다. 이와 같이 실험실에서 발생한 학습된 무기력 현상은 여러 종류의 동물에서뿐만 아니라, 아동에서 성인에 이르기까지 인간에게서 나타날 수 있는 현상으로 연구·탐색되어 왔으며, 아울러 학습된 무기력 현상은 상담, 임상, 사회 및 여성 심리학의 이론과 연구에 광범위한 영향을 줌으로써 인간의 심리 현상을 이해하는 데 중요한 공헌을 했다.

앞에서 언급했듯이, 학습된 무기력 현상이 새로운 이론적 위치를 쌓아 가는 동안 인간에게서 학습된 무기력의 유발은 반응과 결과가 서로 독립적이라는 것을 단순히 학습하는 것 이외의 여러 가지 심리적 장애를 포함하고 있음이 점차 밝혀졌다. 따라서 학습된 무기력의 발생, 원인에서의 개인적 차이와 인지 과정 및 치료에 관한 구체적인 가능성을 더 잘 설명할 수 있는(Abramson, Seligman, & Teasdale, 1978; Miller & Norman, 1981) 귀속 차원에서의 수정된 학습된 무기력 가설이 재형성되었다. 학습된 무기력 이론의 원가설에서는 통제불능에 따른 실패가 반복됨에 따라, 이 통제불능성에 대한 원인이 자기 자신에만 해당되는지 아니면 타인이나 모든 사람에게 해당되는지를 구분하지 않았다. 그러나 원가설과는 달리 수정가설에서는 통제불능 경험 후에 발생하는 반응 결과의 무관성 기대 자체가 무기력을 유발시킨다기보다는 무관성이 일어나게 된 원인의 귀속을 중요시한다.

따라서 학습된 무기력이 발생했을 때 그 원인에 대한 귀속 차원은 내외-외적 (internal-external) 차원, 안정적-불안정적(stable-unstable) 차원, 일반-특수 (general-specific) 차원으로 분류되며, 통제불능의 원인이 이 세 차원 중 어디에 위치하는가에 따라 무기력장애는 달라진다. 예를 들어, 한 개인이 통제불능을 경험한 후에 통제의 부족을 내적-안정적-일반적 차원에 귀속시키면 전혀 새로운 상황에 처하게 되더라도 무기력 증상이 나타나는 것이다(Abramson, Seligman, & Teasdale, 1978).

학습된 무기력 이론은 원가설에 수정가설의 귀속 차원이 보안된 후에 좀 더 정확하고 타당한 가설로 변모되었다. 원가설과 수정가설의 공통점은 무기력한 개인은 통제불능에 노출된 후 반응-결과 무관성을 기대하고, 이러한 기대는 반응 동기와 성공적인 결과를 지각할 수 있는 능력을 저하시키며, 우울 증세를 유발시켜 동기적, 인지적, 정서적 장애를 경험하게 되는 것에 일치된 견해를 보이고 있다. 그러나 원가설과는 달리 수정가설에서는 무기력한 개인이 통제불능 경험 후의 무관성을 지각한 후 귀속을 어디에 하느냐, 즉 무관성이 일어나게 된 원인의 귀속에 초점을 맞추어 무기력 발생에 대한 인지적 설명을 받아들이고 있다.

## 2) 통제불능 경험의 양과 학습된 무기력

심리학은 개인이 그의 환경에 대해 통제력을 발휘할 수 없을 때 그가 반응하는 불안정한 심리적 상태에 대해 오랫동안 관심을 갖고 연구해 왔다. 그러나 Seligman의 무기력 가설과 그 이후 Abramson 등의 수정된 무기력 가설로도 분명히 설명할 수 없는 현상이 산재해 있었다. 예를 들어, 부당한 이유로 직장에서 해고당한 어떤 개인은 아주 절망적인 상태에 빠져 심각한 심리적 부적응을 겪는데 반해, 똑같은 경험을 한 다른 개인은 아주 낙관적인 상태에서 새로운 목표를 세우고 그것을 성취하기 위한 노력을 게을리하지 않으면서 다른 재능과 능력을 발휘하여 새로운 삶을 시작한다.

이와 같이 한 가지 사건에 대해 각 개인은 매우 다르게 반응을 한다. 전자의 개인은 혐오적 상황(부당한 이유로 직장에서 해고)의 경험으로 통제력을 상실하여 자신의 삶에 부정적인 결과를 가져왔지만, 후자의 개인은 혐오적 자극의 경험이 오히려 통제력을 증가시켜 삶의 원동력이 되어 성장의 기초가 되고 있다. 대부분의 무기력 연구들은 무기력을 유발하는 통제불능의 경험이 결과적으로 무기력 증상을 나타내지 않고 반작용(reactions)의 심리적 상태에 도달하는 데 영향을 주는 요인들을 밝혀내는 것에는 아직 이르지 못하고 있다. 따라서 두 가지 상반된 현상을 규명하기 위해 최근의 학습된 무기력 이론가들은 Seligman의 학습된 무기력 이론과 Brehm의 반작용 이론(reactance theory)을 통합하여 통제할 수 없는 경험 뒤에 유발되는 반응들을 설명하고 있다.

반작용 이론에서 예견하는 것은 개인이 자신의 자유가 위협당하거나 제거될 때 동기적으로 각성된다는 것이다. 이러한 동기적 각성을 반작용(reactance) 현상이라고 하며, 이때 개인은 적대적, 공격적 상태가 되면서 잃어버린 통제력을 재설립하기 위해 노력한다. Brehm(1966, 1972)에 따르면, 개인이 경험하는 반작용 현상은 다음과 같은 매개변수(parameters)가 작용하여 그 기능을 발휘하게 된다.

첫째, 자유에 대한 기대(expectation of freedom)로, 개인이 자유로워지기를 원하는 행동이 위협당하고 제거당했을 때 반작용 현상은 더욱 활발히 일어난다.

둘째, 위협의 강도(strength of the threat)로, 개인의 행동 자유가 완전히 제거될 때가 단지 위협당하거나 그 위협이 자유를 선택하는 데 영향을 미치지 않는 경우보다 더 강하게 반작용 현상이 나타난다.

셋째, 중요성(importance)으로, 원하는 자유가 개인에게 중요할수록 그 자유가 위협당하거나 제거될 때 더 반작용을 경험하게 된다.

넷째, 자유들에 대한 의미(implications for other freedoms)로, 개인의 자유가 위협당하고 제거될 때, 그러한 위협이 미래의 개인 행동에 어떤 의미를 가져다주는가에 따라 반작용을 경험하는 정도가 달라진다.

Brehm의 반작용 이론에 대한 이론적 기초를 확장하여 Wortman과 Brehm

(1975)은 무기력을 유발하는 실험 상황에서 발생하는 심리적 반응을 다음과 같이 설명하고 있다. 무기력 유발 훈련에서 나타나는 개인의 초기 반응은 반작용 현상이다. 즉, 개인은 첫 번째로 부딪히는 실패에 대해서는 적극적인 추구(active striving)를 통해 통제를 재설립하려고 노력한다. 통제를 다시 얻으려고 노력하는 행위는 적대감과 공격성이 수반된 동기로 표현되어, 이에 따라 후속 과제를 수행하는 능력이 향상되고 우울이 감소된다고 주장했다.

이와 같이 초기의 통제력의 상실은 반작용과 연결되어 통제를 재형성하려는 시도를 보이지만, 반응-결과의 무관성 경험에 반복적으로 노출되어 통제에 대한 기대가 희미해지면서 반작용 효과가 사라진다. 따라서 많은 양(large amounts)의 무기력 유발 자극에 노출된 개인은 스스로 통제할 수 없다는 것을 확신함으로써 수행능력이 약화되고, 수동성, 우울 정서가 증가하면서 무기력 증상을 경험한다(Brockner et al., 1983).

최근의 학습된 무기력 이론가들은 통제불능을 경험한 양에 따라 후속 과제의 수행능력이 증감하여, 촉진 또는 무기력 효과(facilitation or helplessness effect)를 유발할 수 있다는 연구 결과를 발표함으로써 Wortman과 Brehm(1975)의 이론을 지지하고 있다. Roth와 Bootzin(1974)의 무기력 유발 실험에서는 반응-결과의 무관성을 경험한 집단이 유관성을 경험한 집단 또는 통제집단보다 후속 과제를 수행하는 능력이 향상되는 촉진 효과를 나타냈음을 보고하고 있다. 이러한 연구 결과를 규명하기 위해 Roth와 Kubal(1975)은 반응-결과의 무관성 경험의 양에 따라 낮은 무기력 유발 집단(single helplessness group)과 높은 무기력 유발 집단(double helplessness group)으로 분류하여 실험한 결과, 낮은 무기력 유발 집단이 후속 과제를 수행하는 능력에서 촉진 효과를 보여 주었다. 이와 같이 무기력 효과와 촉진 효과를 결정하는 한 가지 요인은 무기력 유발 상황에서 피험자가 무관성 경험에 노출되는 양, 즉 시행 횟수임을 알 수 있다. Roth와 Kubal (1975)은 낮은 무기력 유발 조건에서 50시행의 1문제를, 높은 무기력 유발 조건은 120시행의 3문제의 무관성 경험을 주었다. Tennen과 Eller(1977)의 연구에서도 낮은 무기력 유발 조건이 48시행의 1문제, 높은 무기력 유발 조건은 144시행의 3문제였다. Brockner 등(1983)은 학습된 무기력과 자아존중감의 관련 연구에서 무기력 유발 훈련의 양에 따른 결과를 제시하고 있다. 시행 횟수는 낮은 무기력 유발 조건이 45시행의 3문제, 높은 무기력 유발 조건은 150시행의 10문제를 주었다. 따라서 촉진 현상과 무기력 현상 모두는 무기력 유발 상황에서 받아들인 반응-결과의 무관성에 노출된 양에 따라 발생됨을 알 수 있다. 그런데 무기력 유발 자극에 노출된 후 개인의 반응이 무기력 또는 반작용 효과인지를 결정하는 것은 통제집단의 후속 과제의 수행능력에 따른다. 즉, 높은 무기력 유발 집단이 통제집단과 수행능력에서 차이가 없고, 낮은 무기력 유발 집단이 그두 집단보다 수행능력이 우수하다면, 높은 무기력 유발 집단과 낮은 무기력 유발 집단 간의 수행능력이 차이를 보이더라도 이것은 무기력 효과가 아닌 촉진 효과로 설명될 수 있다.

앞에서 설명하였듯이, Seligman의 학습된 무기력 이론과 Brehm의 반작용 이론은 서로 정반대의 입장인 것 같지만(Raps et al., 1982), 무기력 유발 자극의 양을 고려하면 하나의 이론이 두 현상으로 설명될 수 있다. 즉, 반작용 이론에서 개인은 통제의 상실을 위협하는 것에 저항하면서 그의 통제력을 재설립하기 위해 새로운 시도를 추구함으로써 반작용 효과를 나타낸다. 반면 학습된 무기력 이론에서는 통제불능의 경험이 시간이 지남에 따라 계속될수록 개인은 통제능력을 갖는 것에 실패하면서, 학습능력이 저하되고 수동적이 되며 무기력 효과를 나타낸다. 그러나 무기력 유발 훈련의 양에 따라 무기력 효과 또는 촉진 효과를 설명하고 있으므로 서로 통합될 수 있는 어떤 일치점을 발견할 수 있다. 반응-결과 사이의 무관성 경험, 다시 말해서 무기력 유발 자극의 양이 많아질수록 무기력 증상을 나타내고, 무기력 유발 자극의 양이 일정 수준 이하일 때는 오히려 수행에 촉진 효과를 보인다는 것에 공통 견해를 가지고 있다.

이와 같이 학습된 무기력 이론과 반작용 이론을 통합하여 제2장에서 언급한 성역할사회화 과정에서의 성역할정체감을 관련시켜 보는 것은 개인의 심리적 성장을 방해하는 학습된 무기력 증상의 발생 원인들 중의 하나를 규명해 볼 수 있고, 또한 성역할정체감 유형에 따라서 무기력 증상의 면역 효과를 발견할 수 있기 때문에 무기력에 대한 예방 및 치료법을 개발할 가능성을 시사한다.

## 2. 성역할정체감과 학습된 무기력

### 1) 성역할정체감과 학습된 무기력의 관계

동서양을 막론하고 남성과 여성은 초기 어린 시절의 성장 과정뿐만 아니라 성인이 되어서도 성별에 따른 다른 사회화 과정을 경험한다. 예를 들어, 남아는 자신의 정체감을 발달시키기 위해 부모로부터 분리되는 훈련을 받으면서 독립적 행동에 대해서 긍정적 강화를 받으며 성장한다. 그러나 여아의 경우 부모와의 애착 상태는 지지를 받지만 독립성을 발달시키는 행동에는 부정적 강화를 받음으로써 과잉보호되어 좌절에 어떻게 대처하는가를 제대로 학습하지 못하게 된다. 그러므로 남성은 남성성정체감을, 여성은 여성성정체감을 더 발달시킴으로써 남성은 독립성을, 여성은 의존성을 영속화한다. 따라서 남성적 특성의 부재를 격려받으면서 전통적으로 사회화된 많은 여성들은 타인에게 의존하고 주변의 사회환경으로부터 지속적인 피드백과 상호작용을 원한다. 직업을 가진 여성조차도 남성의 지배하에 있는 것을 당연시하여 자신의 힘, 능력 등을 발휘할 기회를 적극적으로 포착하지 못하는 수동적 존재로서 임무를 수행한다. 그러므로 여성의 위치가 평가 절하된 남성지배 분야에서 지적 능력에 보상받지 못하고 통제불능 경험에 자주 노출되면서 대부분의 여성들은 무기력 증상을 나타낸다. 반면 남성은 타인의 승인에 완전히 의존하지 않으며, 자기신뢰와 자아존중을 기초로 자신의 힘을 충분히 발휘하면서 능동적인 존재로서 적극적인 삶을 살아간다. 또한 그들은 적극적, 공격적, 독립적 특성에 보상을 받음으로써 무기력 유발 상황에 노출되어도 대부분의 경우 이를 극복할 수 있다.

이와 같이 여성은 남성보다 상대적으로 비주장적, 의존적, 종속적 특성을 갖도록 전통적으로 사회화되어 무기력 증상에 민감하기는 하지만, 학습된 무기력을 탐구하는 연구에서 Gatchel과 Proctor(1976), Miller와 Seligman(1976)은 남녀의 성차(sex difference)를 발견하는 데 실패했다. 이는 무기력 증상을 일으키는 심리적 기제에 생물학적인 성차뿐만 아니라 다른 요인이 작용하고 있음을 시사한다.

Gannon, Heiser, Knight(1985)에 따르면, 여성이 자신이 반응한 행동 결과에 대해 통제불능의 기대를 갖는 것은 그들의 성(sex) 때문이 아니라 오히려 학습의 역사 때문일 것이라고 지적한다. 즉, 생물학적 성(sex) 자체라기보다는 개인의 성역할정체감 유형이 통제경험을 상실한 후에 무기력 증상을 발달시키는 중요 요인임을 시사하고 있다. 자기의 생물학적 성에 관계없이 성역할사회화 과정에서 남성적 특성보다 여성적 특성을 받아들인 개인은 자립이나 능동성이 배제된 의존적 심리가 강조된 채 성장하기 때문에, 자동적으로 스트레스를 직면하는 것이 허락되지 않고 무능해진 상태로 그 상황에 대한 적응 양식을 발달시킨다. 그러면 여성성정체감의 개인이 "왜 자신이 직면한 좌절을 극복하려 하지 않고 무기력한 상태에서 수동적으로 그 좌절 상황을 받아들이기만 하는가?"에 대한 의문을 제기할 수 있다. 이는 여성성정체감을 가진 개인은 통제할 수 없는 경험에 직면할 때마다 무기력을 극복하지 못하고 자신이 행동한 반응-결과가 독립적임을 학습하기 때문이다. 따라서 반응-결과를 통제할 수 있는 상황에서도 자신의 행동 결과를 스스로 통제할 수 없다는 신념을 가짐으로써 무기력 증상이 나타나 성장에 장애를 받는 것이다. 그러므로 어려운 문제를 해결해야 할 상황에 직면하는 경우 그 상황을 인내하는 면역성이 부족하기 때문에, 무기력을 유발하는 통제불능 경험의 양이 적어도 무기력에 저항할 수 있는 특성의 부재로 쉽게 무기력해진다.

Baucom과 Danker-Brown(1979)은 남녀 대학생을 대상으로 학습된 무기력에 대한 성역할정체감의 영향에 관해 연구했다. 무기력 유발 조건하에서 남성성정체감 및 여성성정체감 집단은 정서적, 인지적, 동기적 장애를 나타냄으로써 무기력 증상에 민감함을 증명했다. 그러나 양성성정체감 집단은 오직 감정장애만을 나타냄으로써 무기력을 유발하는 어려운 상황에 처했을 때 융통성을 발휘하여 무기력 증상을 극복하고 있음을 밝히고 있다. Baucom(1983)은 여대생을 대상으로 성역할정체감 유형에 따라 통제상실을 경험한 후에 각 집단의 개인들이 통제를 재설립하기 위해 자신들의 환경을 어떻게 변화시키는가를 연구했다. 무기력 유발 훈련을 한 다음에 그들에게 미래의 통제능력 정도를 측정하는 질문지를 제시했다. 피험자가 어떤 문제를 해결하는 데 '참여 또는 불참여'할 것인가에 대한 여부를 세 가지 측면에서 묻고 선택하도록 했다. 첫째, 참여하여 그 팀이 문제를 해결할 수 있도록 전체적인 통제력을 갖는 경우, 둘째, 참여는 하되 통제력을 갖지 않는 경우, 셋째, 참여하지도 않고 그 일이 끝날 때까지 기다려야하는 경우 중 하나를 택하는 것이다. 연구 결과 무기력 유발 훈련 여부에 상관없이 남성적 특성이 높은 집단(남성성정체감, 양성성정체감)이 남성적 특성이 낮은 집단(여성성정체감, 미분화정체감)보다 문제해결을 하는 데 참여하면서 전체 통제력을 더 갖는 것으로 나타났다. 특히 무기력 유발 조건하에서 여성성정체감 집단은 '적극적으로 참여하여 전체 통제력을 갖는 것'을 선택한 사람은 아무도 없었다.

또 Baucom과 Danker-Brown(1984)은 여대생을 대상으로 각각의 성역할정체감 유형이 무기력을 유발하는 성고정관념화된 과제에 어떻게 반응하는가를 연구했다. 연구 결과, 통제불능 경험 뒤에 동기적, 인지적 장애를 나타내는 집단은 주로 남성만이 하는 것으로 고정관념화된 과제에 실패한 여성성정체감 집단인데, 그들은 남성에게 적절한 것으로 정의된 상황에서 무기력 증상을 특히 민감하게 나타냈다.

　Gannon, Heiser, Knight(1985)는 남녀 대학생을 대상으로 무기력 유발 훈련 경험의 양이 많고 적음에 따라 후속 수행능력과의 관련성을 성역할정체감 유형에 따라 연구했다. 연구 결과, 낮은 무기력 유발 조건에서의 남성성정체감 집단은 통제집단보다 글자 수수께끼 과제를 더 잘 수행했으나, 여성성정체감 집단은 통제불능 경험이 적을 때도 쉽게 무기력해져 수행능력이 저조했다.

　성역할정체감과 학습된 무기력과의 관련성을 살펴본 이상의 연구들에서 공통적으로 발견할 수 있는 것은 통제불능 경험 뒤에 동기적, 정서적, 인지적 장애를 나타내지 않는 집단은 남성적 특성이 높은 집단(남성성정체감, 양성성정체감)임이 입증됨으로써 무기력 유발 상황하에서 통제력을 회복하고자 하는 욕구가 강한 특성은 남성적 특성인 것으로 밝혀졌다. 즉, 남성성정체감은 무기력 증상을 극복하는 내재적 특성(inherent feature)을 갖고 있기 때문에 높고, 낮은 무기력 유발 조건에서 통제력의 재설립 욕구가 반동하면서 수행능력이 향상된다. 그러나 여성성정체감 집단은 무기력 증상을 극복하는 특성의 부재로 낮은 무기력 유발 조건에서조차도 쉽게 무기력해진다.

　그러나 Stuart(1977)는 남녀 성인을 대상으로 여성성정체감을 가진 여성 집단이 다른 집단들보다 무기력 증상에 민감할 것이라는 가설을 검증했으나 이에 대한 상관을 발견하지 못함으로써 가설을 입증하는 데 실패했다. Overton과 Meehan(1982)도 중학생을 대상으로 무기력 유발 훈련을 받은 성역할정체감 유형의 집단이 후속 과제로 Piaget의 형식적 조작 과제를 수행할 때 각 집단의 수행능력을 비교해 보았다. 그 결과 무기력 유발 상황하에서 여성성정체감 집단이 남성성정체감 집단의 수행능력과 유의미한 차이를 보이지 않음으로써 여성성정체감 집단이 무기력 증상에 민감할 것이라는 가정을 증명하지 못했다. 김영희 (1989)의 연구에 따르면, 실험실 상황과 일상생활에서 무기력에 가장 민감한 집단은 여성성정체감 집단으로 나타남으로써, 여성적 특징을 평가 절하하는 남성 지배 체제하에서 사회화된 여성성정체감의 개인은 쉽게 무기력해지며 심리적 장애를 경험하여 성장에 어려움을 겪고 있음이 밝혀졌다. 또한 무기력에 가장 영향을 덜 받는 집단은 실험실 상황에서는 남성성정체감, 일상생활에서는 남성성·여성성 정체감으로 밝혀졌다. 이것은 실험실 상황에서는 짧은 시간 내에 통제불능의 좌절경험을 하고 그것을 극복하는 데는 남성성정체감의 개인이 유리하며, 작업 수행, 인간관계 등이 복잡하게 얽힌 일상생활에서는 남성성정체감의 개인뿐 아니라 남성성·여성성 요인을 융통성 있게 적용할 수 있는 양성성정체감의 개인 모두가 무기력을 극복하는 것으로 나타났다. 이와 같이 성역할정체감 유형과 학습된 무기력과의 관련성을 탐색하는 연구들에서 일관된 연구 결과는 보이지 않고 있지만, 앞으로의 연구에서 이론적 측면에 근거를 두고 연구대상 및 방법론적 측면을 재검토한 후 불일치한 연구 과제들을 규명해야 할 것이다.

## 2) 성역할정체감과 학습된 무기력에 대한 면역 효과

학습된 무기력 이론가들은 반복적으로 통제불능 경험에 노출되어도 심리적 장애를 일으키지 않고 학습된 무기력 효과에 면역될 수 있는지를 밝히기 위해 실험을 계속해 왔다. Seligman(1975)은 과거 학습사에서 통제경험이 거의 없는 유기체는 통제경험이 있는 유기체보다 무기력 증상에 특히 취약성을 나타냄을 지적하고 있다.

　면역 효과를 실험한 초기 연구로는 Richter(1957)의 야생쥐들의 갑작스러운 죽음을 예방할 수 있는 면역 절차 실험을 들 수 있다. 그는 야생쥐를 잡아서 저항을 하지 않을 때까지 손으로 꽉 쥐고 있은 다음 물탱크 속에 집어넣으면 그렇게 하지 않은 쥐가 금방 익사해 버리는 것과 달리 즉시 익사를 방지하기 위한 면역 과정(immunization process)이 발달된다고 보았다. Richter는 쥐를 손에 쥐고 있다가 풀어 주고, 다시 쥐고 있다가 풀어 주는 행위를 반복했다. 더군다나 쥐를 쥐고 있다가 물속에 넣고, 다시 꺼내 쥐고 있다가 물에 다시 넣는 실험을 계속하자 쥐들의 갑작스러운 죽음은 발생하지 않았다. 야생동물에게 있어 "약탈자의 손에 꽉 쥐어져 있다"는 것은 자신의 환경에 대한 통제력의 상실을 의미하는 강한 경험인 것이다. 따라서 도피할 수 없는 외상(inescapable trauma)에 대한 통제력을 갖고 면역성이 생김으로써 갑작스러운 죽음이 방지되는 것으로 설명할 수 있다. 그 이후 Seligman과 Maier(1967) 등 이 분야의 연구자들은 많은 실험 결과를 통해 Richter의 견해를 지지하고 있다.

　Seligman과 Groves(1970)에 따르면, 우리 안에서 사육된 개들은 우리에서 자라지 않은 실험실에 도착하기 이전의 역사를 모르는 잡종개보다 무기력 효과에 더 민감하다. 실험 결과 우리 안에서 기른 개들은 무기력 유발 훈련을 2번 시도했을 때 무기력해졌으나, 잡종개들은 4번의 시도를 요구했다.

　이와 같은 결과는 주변 환경을 통제하는 자연스러운 경험을 가지지 못한 개들은 통제를 발휘할 수 있는 상황을 경험한 개들보다 무기력에 저항할 수 있는 힘이 없기 때문인 것으로 추론할 수 있다. 쥐, 개의 피험 동물을 대상으로 학습된 무기력에 대한 면역 효과를 연구한 학습된 무기력 이론가들은 이러한 결과를 인간에게 적용해 봄으로써 무기력, 우울증과 같은 심리적 장애에 저항력을 가질 수 있을 것이라고 믿었다.

Jones, Nation, Massad(1977)는 대학생을 대상으로 학습된 무기력에 대한 면역 효과를 연구했다. 내외통제척도 검사에서 세 번째로 낮은 점수를 받은 피험자들을 네 집단으로 분류하여 하나는 통제집단, 나머지 세 집단은 0%, 50%, 100%의 성공경험의 면역 훈련을 받은 집단으로 구성했다. 그런 다음 모든 집단이 무기력 유발 훈련을 받았는데, 실험 결과 무기력 증상에 대해 면역 효과를 나타낸 집단은 50%의 성공경험 집단이며, 100%의 성공경험 집단은 면역성을 나타내지 않았다.

이 실험 결과는 인간이 일상생황에서 경험하는 통제할 수 없는 환경에 방어력을 갖고 면역될 수 있음을 시사한다. 또한 50%의 성공경험 집단이 학습된 무기력에 저항력을 갖는다는 것은 실험실 이전의 역사가 반응–결과가 독립적이라는 기억 정보를 간섭하여 나중에 실제로 통제할 수 없는 상황에 직면해도 '결과를 통제할 수 없다' 는 것을 믿지 않게 한다는 것이다. 즉, 그 결과를 통제할 수 있을 것이라는 기대를 가짐으로써(Seligman, 1975) 무기력해지는 행동을 조정하는 데 중요한 역할을 하고 있음을 나타내고 있다. 그러므로 일상생활에서 좌절경험이 없는 완전한 성공경험은 학습된 무기력과 같은 심리적 장애를 극복하는 힘을 결여하고, 오히려 적절한 수준의 성공과 실패 경험이 무기력의 면역 효과를 가져온다고 볼 수 있다.

여성적 특성인 주장성의 부족, 의존성, 행동적 제약 등은 무기력 증상과 유사하여 여성성정체감이 무기력 효과에 민감함을 알 수 있다. 따라서 남성적 특성의 개인은 초기의 사회화 과정에서 독립적 행동에 강화를 받고, 일상생활의 환경을 통제하는 경험을 가짐으로써 좌절 상황에 직면해도 이를 방어할 수 있는 능력을 갖는 것이다. 그러나 여성적 특성의 개인은 독립적 행동에는 부정적 강화를 받으며 의존성이 발달되도록 과보호되어 어려운 상황을 대면했을 때 통제력을 쉽게 포기해 버리고 무기력을 나타낸다. 즉, 여성성정체감의 개인은 사회화 과정에서 통제력에 대한 면역경험을 갖는 기회를 거부한 결과, 무기력 유발 경험의 양이 적을 때도 남성성정체감의 개인과는 달리 무기력 증상을 보인다고 해석할 수 있다. 이와 같은 설명은 앞에서 언급한 Richter(1957), Seligman과 Groves(1970), Jones, Nation, Massad(1977)가 동물과 인간을 대상으로 실시한 학습된 무기력의 면역 효과에 관한 실험 결과와 부합된다. 다시 말하면, 주변의 환경을 적절하게 통제하는 경험을 가진 유기체, 즉 남성성정체감의 개인은 제한된 자신의 영역 안에서만 보호되어 적절한 통제경험을 가지지 못한 여성성정체감의 개인보다 무기력 유발 경험의 양이 많고 적음에 상관없이 무기력 증상에 면역되어 심리적 장애에서 벗어난다는 결과와 일치한다. 따라서 여성성정체감의 개인은 무기력에 저항할 수 있는 특성의 부재로 통제불능 경험의 양이 적어도 쉽게 무기력해져, 실제 통제할 수 있는 상황에서도 그 결과를 통제할 수 있을 것이라는 기대감이 사라지고 '나는 결과를 통제할 수 없다.'라는 신념을 발달시킨다. 그러므로 성역할정체감과 학습된 무기력과의 관계에서 여성적 특성보다는 남성적 특성의 부재가 학습된 무기력 증상과 더 관련되어 있어, 남성적 특성의 구성요인들이 무기력에 대한 면역성을 가지는 것으로 추론할 수 있다. 이에 관해 Jones, Chernovetz, Hansson(1978)은 여성적 특성 중 의존성, 주장성의 부족과 같은 특정한 요인들이 무기력에 민감하다고 했으며, Gannon, Heiser, Knight(1985)는 남성적 특성 중 성취지향성, 독립성과 같은 강인한 요인들이 무기력에 영향을 받지 않는다는 주장을 하고 있다.

김영희(1989)의 연구에서도 여성성정체감 집단은 무기력의 면역 효과를 나타내지 않은 반면, 남성성정체감 집단은 무기력에 대한 면역 효과를 보였다. 이는 남성성 요인 중 무기력을 감소시켜 주는 특성이 작용된 결과로 볼 수 있을 것이다. 실험실 상황과 일상생활에서 무기력을 증가시키는 공통요인으로는 '쉽게 울음, 쉽게 영향을 받음, 의존성'의 요인들이며, 무기력을 경감시키는 공통요인으로 '목표를 향한 적극성, 성취욕구, 자신감, 칠전팔기의 정신력, 포부와 야망'의 요인들로 밝혀졌다. 성차별주의 사회에서 의존성, 수동성 등의 여성적 특성을 발달시키면서 통제경험의 강화가 부족한 사회화 과정을 경험한 여성성정체감의 개인은 적은 양의 무기력 상황에서도 그것을 방어하는 저항력의 부족으로 쉽게 무기력해지는 것으로 나타났다.

이러한 상황에서 우리는 다음과 같은 질문을 제기할 수 있다. "개인은 현대사회에 적응하기 위해, 또 인정받기 위해 여성적 특성을 포기해야만 하는가? 그리고 사회에서 지배적인 위치를 가능케 하는 남성적 특성만을 획득해야 하는가?" 이는 성차별주의에 따른 남성지배 문화가 존재한 이후 가장 오랫동안 논의되고 있는 논쟁거리다. 그러나 여기서 남성적 특성만이 가치 있는 것으로 수용되고 여성적 특성이 인간의 성격 특성으로 가치 있게 인정받지 못한다면, 남녀평등을 지향하는 현대 교육 이념은 커다란 모순에 빠진다. 그러므로 성차별주의 (sexism)로 발생한 사회의 구조적 모순을 재평가하여 남녀 모두의 의식 수준이 변화되어야 하고, 지금까지 남성성, 여성성 요인으로 분리된 성격 차원을 통합하여 서로의 성격 특성을 긍정적으로 인정하는 사회화 과정을 통해 성장해야 할 것이다. 따라서 가정, 학교, 사회 교육 현장에서는 성차별주의에 기초한 성역할 사회화 과정을 재평가하여, 우리 사회에서 평가 절하된 여성성 요인의 가치를 올바르게 인식 · 활용하면서 학습된 무기력에 대해 면역성을 갖는 남성성 요인을 함께 성장시켜 모든 남녀가 그들의 완전한 잠재력을 촉진 · 개발하여 자아성장을 이룰 수 있는 환경을 조성해야 할 것이다.

여성성정체감의 개인에게 여성적 특성의 가치를 인정하면서 동시에 무기력에 저항력을 갖는 남성적 특성들도 개발시켜 무기력 유발 상황에서도 동기적, 인지적, 정서적 장애를 일으키지 않게 하는 것은 자신의 행동 반응과 결과가 유관적이라는 기대와 신념을 갖도록 하는 데 가장 효과적인 예방책이 될 것이다.

## 일상생활에서의 무기력측정검사(SCS)

다음은 일상생활에서 당신이 자주 접하는 여러 가지 생활의 장면(상황)들입니다. 각 생활의 장면(상황)을 당신은 얼마나 잘 통제(조절)하고 있습니까? 다시 말해, 여러 상황을 있는 그대로 받아들이기만 하지 않고 당신이 뜻하는 방향으로 얼마나 잘 바꾸고(통제) 있습니까? 각 문항을 읽고 자신에게 해당하는 부분에 ○표 하여 주십시오.

| 상황 | 완전하게 통제한다 | 대체로 통제한다 | 약간 통제한다 | 보통이다. | 약간 통제하지 못한다 | 대체로 통제하지 못한다 | 전혀 통제하지 못한다 |
|---|---|---|---|---|---|---|---|
| 1. 학교 상황 | 1 | 2 | 3 | 4 | 5 | 6 | 7 |
| 2. 가정 상황 | 1 | 2 | 3 | 4 | 5 | 6 | 7 |
| 3. 친구와 관련된 상황 | 1 | 2 | 3 | 4 | 5 | 6 | 7 |
| 4. 작업(일) 상황 | 1 | 2 | 3 | 4 | 5 | 6 | 7 |
| 5. 휴가(방학)에 관련된 상황 | 1 | 2 | 3 | 4 | 5 | 6 | 7 |
| 6. 건강에 관련된 상황 | 1 | 2 | 3 | 4 | 5 | 6 | 7 |
| 7. 버릇을 고치는 데 관련된 상황 | 1 | 2 | 3 | 4 | 5 | 6 | 7 |
| 8. 일거리(아르바이트)를 찾는 상황 | 1 | 2 | 3 | 4 | 5 | 6 | 7 |
| 9. 돈 관리에 관한 상황 | 1 | 2 | 3 | 4 | 5 | 6 | 7 |
| 10. 여러 사람들 앞에서 이야기하는 상황 | 1 | 2 | 3 | 4 | 5 | 6 | 7 |
| 11. 정치에 관한 상황 | 1 | 2 | 3 | 4 | 5 | 6 | 7 |
| 12. 물건을 사는 데 관련된 상황 | 1 | 2 | 3 | 4 | 5 | 6 | 7 |
| 13. 운동에 관한 상황 | 1 | 2 | 3 | 4 | 5 | 6 | 7 |
| 14. 성(sex)에 관한 상황 | 1 | 2 | 3 | 4 | 5 | 6 | 7 |
| 15. 경쟁하는 상황 | 1 | 2 | 3 | 4 | 5 | 6 | 7 |

Berndt, D. J. (1981). *The Situational Control Scale: A Self-report measure of learned helplessness.* Microfiche Publications(NAPS03823).

# Chapter 04

# 성역할정체감과
# 성공회피동기

개인의 삶의 질을 중요시하는 현대사회는 성취지향적인 사회이며, 그 사회 구성원은 누구나 성공을 열망한다. 성공의 준거로는 사회적 지위, 명예, 높은 임금, 높은 성적, 대인관계 및 결혼에서의 성공 등 성공의 긍정적 측면에 초점을 맞추고 있다. 그러나 지금의 우리 사회는 가부장적 가치관이 여전히 잔존해 있어 여성이 이러한 성공의 실현을 위해 자신의 잠재능력을 충분히 개발하여 자아성장을 극대화하기에는 많은 제한과 장애를 경험할 수밖에 없다.

그동안 심리학, 교육학, 사회학, 문화인류학, 여성학 등의 다양한 분야에서 여성의 지적 능력과 직업적 능력 등이 남성과 차이가 없다는 연구들이 많이 있었지만, 실제 성취 상황에서 남성과는 다르게 여성은 성취동기가 높지 않고 성취동기이론이 예언하는 방향으로 과업 성과도 나타나지 않음에 따라 여성은 성취 상황에서 동기화되지 않는 것으로 해석되어 왔다. 게다가 성취동기이론의 연구자들은 그들의 연구에서 여성을 배제시킴으로써 인간 경험의 절반을 무시한 채 연구를 계속해 왔다.

'왜 여성은 남성에 비해 사회적으로 성공하지 못하는 것인가?'라는 강한 의문을 제기한 1960년대 초반 미국의 여성심리학자 Horner는 성취동기 실험에서 남성 피험자의 반응에서 발견되는 성취 유형이 여성 피험자에게는 표현되지 않는 것에 대해 흥미를 가졌다. Horner(1968)는 여성은 성공에 따르는 사회적 거부, 여성성의 상실 등과 같은 부정적 결과를 예상하기 때문에 성취와 관련된 상황에서 성공을 회피·금지시킨다고 했다. 그녀는 여성의 낮은 성취 수준을 성공회피동기(motive to avoid success)라는 용어로 개념화했으며, 그녀의 이론은 여성의 행동을 가장 포괄적으로 연구한 심리학이론으로 평가받았다. Horner 이후에 성공회피동기와 관련하여 많은 연구들이 이루어져 왔으며, 그녀의 이론은 점차 남녀 모두의 문제로 폭넓게 적용되었다.

성공회피동기는 일상생활의 경험 속에서 여성과 남성의 성공과 자아성장을 저해하는 심리적 장애 요소다. 인간 행동의 사회화 과정을 연구하는 이론가들에 따르면, 우리 사회에서 남성은 어린 시절부터 유능성, 독립성, 경쟁, 지적 성취와 같은 특성에 끊임없이 보상을 받으며 독립적인 개인으로 성장하지만, 여성은 감정적, 의존적 특성과 같은 종속적인 행동에 보상을 받으며 자라기 때문에 수동적이고 비자율적인 존재가 된다. 그러므로 실제 성취 상황에 직면했을 때, 남성과는 달리 여성은 성취하려고 노력하는 행위가 전통적인 여성의 사회적 역할 기대에 부적합하다고 내면화되어 성공에 대한 거부와 갈등을 경험한다. 그러므로 성공회피동기를 연구할 때 여성과 남성의 사회화 과정 중에 형성되는 여성 특유의 동기적, 정서적 역동을 이해하지 않고 단순하게 남녀 차이로 본다면, 여성의 자아성장에 대해 왜곡된 견해를 영속화시킬 가능성이 있다.

최근 우리나라의 경우 여성의 권리와 존엄성을 되찾기 위한 활동들이 전개되면서 교육학, 심리학 등의 분야에서 인간 행동의 심리학적 변인들 사이의 관계를 여성과 남성에 대한 성 차이와 성역할 등에 초점을 맞추어 탐구해 왔다. 그러나 성공회피동기와 관련된 연구는 매우 미흡한 실정이며, 주로 남녀 고등학생, 대학생을 연구대상으로 하여 성공회피동기에서의 여성과 남성의 차이, 성취동기 및 내외 통제성과 성공회피동기와의 관련성, 성역할정체감 유형과 성공회피동기와의 관계 등의 연구들이 이루어져 왔을 뿐이다(김준곤, 1985; 김효성, 1984; 문영란, 1989; 설인자, 1989; 이승희, 1984; 이현정, 1984; 임수정, 1987; 정승미, 1985; 한정신, 1988).

그런데 지금 모든 분야에서 우리나라는 미래사회의 새로운 장으로 발돋움해야 할 시점에 있으며, 사회 구성원인 모든 여성과 남성에게 '성공의 열망-개인의 성장'의 균형을 유지시키면서 우리 사회의 여러 측면을 개혁하고, 발전시켜야 한다. 그러므로 우리 사회는 남녀에 대한 전통적인 고정관념에서 벗어나 객관적이고 과학적인 시각으로 여성과 남성의 심리적 행동을 체계적으로 연구하는 것이 필요하다. 특히 남성중심 사회에서 여성이 남성보다 더 경험하는 특유의 성공회피동기는 여성과 남성의 불평등한 사회화에서 비롯된 것이 많다. 그러므로 여성의 자아성장에 걸림돌이 되는 심리적 문제의 올바른 이해에 근거해야만 여성은 재사회화 과정을 통해 그들의 삶의 질을 높일 수 있다.

따라서 여기서는 여성과 남성의 성공과 자아성장에 장애가 되는 성공회피동기의 이론과 여성이 경험하는 갈등의 사회·문화적 요인을 분석하고, 성공회피동기의 형성에 대한 면역 효과를 살펴보는 이론적 접근을 통해 성공회피동기를 극복할 수 있는 가능성을 탐색하고자 한다.


## 1. 성공회피이론

성취를 강조하는 현대사회에서 모든 개인은 성공을 열망하지만, 다른 한편으로는 성공을 회피하고 싶은 마음, 즉 양립하기 어려운 두 가지 갈등을 소유하고 있다. 이와 같이 성공회피동기는 성공에 대한 양립갈등적인 인간 심리의 상징적 표현이며, 동시에 유기체의 성장을 위해 극복되어야 할 명제를 암시하고 있다(한정신, 1988).

그런데 개인의 성장과 성공의 열망을 저해하는 성공회피동기의 일반적 증상으로는 자신감과 자기신뢰가 낮고 불안정하여 타인의 평가에 지나치게 의존하는 경향을 보인다. 실제로 성공할 기회가 다가오면 주의집중의 결여, 정신 산만, 일의 지연 등으로 자신의 성취를 방해하고, 성공을 했더라도 그 성공을 행운이나 타인의 도움 등 외적 요인으로 귀인시켜 자신의 능력을 낮게 평가하거나 비하하는 특징을 나타낸다(Canavan-Gumpert et al., 1978). 이와 같이 성공회피동기는 성공하는 것에 대한 정의적 반작용 현상을 나타냄으로써 개인의 성장에 커다란 장애요인이 된다. 이러한 인간의 심리적 갈등을 설명하기 위해 1986년에

Horner는 성공회피동기(motive to avoid success)를 처음 개념화했다.

성공회피동기는 이전의 성취동기 연구들(Atkinson, 1958; McClelland et al., 1953)에서 발견되었으나, 미해결로 남아 있던 여성의 성취동기를 설명하려는 시도에서 출발했다. McClelland 등(1953)은 성취동기를 남성의 활동 영역으로 한정시켜 연구해 왔다. 그 이유는 전통적으로 성취는 남성의 특성으로 간주되어 여성을 제외한 남성만을 대상으로 성취동기가 진행되어 왔었고, 또한 성취동기의 특성, 결과에 대한 이론적 모형은 여성에게 적용시키면 상당히 혼란스러웠기 때문에, 그는 성취동기 연구에서 남녀의 성차는 가장 해결하기 어려운 문제라고 했다. 그러다가 1968년에 이르러 Horner는 그동안 성취동기이론이 밝혀내지 못했던 여성의 성취동기에 관한 연구를 계속하여 여성이 자신의 성공이 기대되는 상황에 처하면 불안, 공포감을 가지면서 성공을 피하려는 동기가 있다는 이론, 즉 성취장애 원인으로서 성공회피동기이론을 주장하여 많은 관심을 불러일으켰다.

Horner는 성공회피동기의 개념적 기초를 동기의 기대가치이론(expectency-value theory of motivation)을 적용하여 개념화했다. 성공회피동기는 개인이 자신의 행동에 대한 기대와 신념에 비추어 자기가 이루어 놓은 결과가 성공적인 경우, 그 성공의 대가와 가치가 부정적 영향을 줄 것이라고 예상할 때 불안이 생기며, 그 불안은 부정적인 결과를 가져올 것으로 예상되는 행동을 금지시키는 기능을 하게 된다는 것이다. 이와 같이 성공회피동기는 성공에 따르는 부정적 성과, 즉 사회적 거부, 여성성의 상실, 인간관계의 훼손, 개인적 파멸 등을 예상함으로써 목표 수행 행동으로부터 도피 또는 철회하려는 경향성을 보이는 것이다. 성공을 회피하려는 심리적 상태는 성공에 대한 사회적인 인정과 가치에 비교되어 내적으로 정서적 갈등과 인지적인 갈등을 유발시켜 적극적으로 동기화된 여성의 성취지향적인 표현이 금지당하는 것을 의미한다(한정신, 1988).

Horner(1968)는 그녀의 초기 연구에서 남녀 대학생을 대상으로 성공회피동기의 존재와 영향에 대한 가설을 검증하기 위해 경쟁적 성취 상황에서 높은 수준의 성취를 암시하는 지시글을 제공했다. 여학생과 남학생에게 "첫 학기말 시험이 끝난 후 Ann/John은 자신이 의과대학의 자기 학년에서 수석임을 알게 되었다."라는 언어적 단서를 주고 TAT(주제통각검사)를 측정했다. 연구 결과, 여성은 남성보다 성공회피동기를 나타내는 비율이 유의미하게 높았다($p < .005$). 여대생의 65%는 Ann에 대해 불안해하고 당황해하며 고통스러워하거나 혼란스럽게 느꼈으며, Ann의 성공을 여성다움의 상실, 사회적 거부, 개인적 파멸과 관련시켰다. 그러나 남학생의 90% 이상이 강한 긍정적 감정, 미래에 대한 자신감, 목표 성취(안락하고 행복한 가정)를 할 것이라는 신념이 보였으며, 성공회피반응을 보인 경우는 오로지 8%에 불과했고, 성공회피의 이유도 사회적 양심의 결핍, 이기적 성격 등으로 성공을 회피하는 것으로 나타나 여대생과는 다른 이유를 보였다. Hoffman(1974)도 여성에게서 성공은 우호관계의 상실(affiliative loss)로 나타나며, 남성에게는 성취에 대한 가치문제로 나타난다고 주장하면서 Horner의 주장을 지지했다(Caballero, Giles, & Shaver, 1975에서 재인용).

Horner(1968)는 성취와 여성성은 공존되어야 하는 것이 바람직하지만 지금의 전통적인 사회 · 문화적 현상에서는 상호배타적인 관계에 있다고 주장하면서 성공회피동기를 상당히 제한적으로 여성에 치중시켜 연구해 왔다.

앞에서 언급한 Horner 연구에서 밝혀진 성공회피동기는 그 이후 수년 동안 어떠한 의문의 제기도 없이 수많은 논문의 주제로, 그리고 여러 연구의 독립변인으로 사용되어 왔다. 특히 Lockheed(1975), Zuckerman과 Wheeler(1975)는 성공회피동기에서 남녀의 성차가 없음을 주장했으며, 여성이 남성보다 성공회피동기를 더 나타낸다는 Horner의 연구 결과에 이의를 제기했다.

현대의 남성중심 사회의 경쟁적 성취 상황에서 여성의 성공은 성공의 부정적 효과의 기대 및 예상, 즉 여성다움의 상실, 사회적 거부, 주위로부터의 소외, 직업 · 결혼 · 가족의 갈등 등을 수반함으로써 여성으로 하여금 성공을 위한 목적 수행을 도피하거나 철회하도록 한다. 다시 말하면, 여성의 성공에 대한 열망이나 자아성장을 억제해 온 사회적, 법적, 교육적 장애가 과거에 비해 완화되었지만, 여성에 대한 전통적, 사회적 인식은 여성의 자신감의 상실, 심리적 위축 등으로 성장에 부정적 영향을 끼쳐 그들의 성공적인 사회활동에 장애를 주고 있음을 알 수 있다.

성공을 회피하려는 심리적 상태의 근원을 현대 심리학은 이론적으로 다음과 같이 정신분석학적 관점, 사회인류학적 관점, 사회심리학적 관점을 중심으로 설명하고 있다.


정신분석학적 관점　　Freud는 「성공으로 파멸된 사람들(*Those wrecked by success*)」(1915)이라는 논문에서 처음으로 성공회피 현상에 대해 언급했다. 그는 임상장면에서 오랫동안 바라던 소망이 이루어지려 할 때 개인은 신체적, 심리적 고통에 괴로워하면서 성공 자체를 거부하거나, 즐기지 못한 채 신경증에

걸려 의사들을 매우 놀라고 당혹스럽게 한다는 것을 발견했다. 이러한 Freud의 논평을 정교화한 Schuster(1955)는 개인은 성공장면에서 처벌, 보복, 징벌과 같은 결과를 기대하기 때문에 자신의 재능을 무시하거나 자기를 주장하는 것을 두려워한다고 설명하고 있다.

이와 같이 Freud, Schuster 등의 초기 설명에서는 성공신경증(success neurosis), 성공공포(success phobia)를 오이디푸스적 갈등과 관련된 죄책감으로 표현했다. 대부분의 신화, 오이디푸스, 이카로스, 페이톤, 헤라클레스, 프로메테우스에서는 아버지를 능가하는 성공을 한 이후의 몰락을 나타내고 있는데, 이런 현상은 경쟁 및 적대 상황에서의 성공을 상징적인 남성다움과 연결시킨 전통적 의식과 관련되는 것이다. 그러나 현대의 사회·문화에서는 남녀 모두가 초기 어린 시절에 위협적이었던 부모가 떠오르는 위급한 상황에 이르면 '공격적인 성공-투쟁의 금지'가 거세로 경험되며, 이것이 성공회피동기의 기저를 이루고 있다고 했다(한정신, 1988; Tresemer, 1977). Flugel(1945)은 성공회피동기를 아동 초기에 경험하는 부모의 제지와 관련시켰으며, 이것이 초자아에 내면화되면 죄책감을 유발시켜 성공을 방해한다고 했다. 그러므로 성공회피동기는 성취지향적 장면에서 성공과 관련된 무의식적인 아동 초기의 적개심이나 죄의식이 발동하여 궁극적으로는 성공적인 행동을 저해하는 것이다(Tresemer, 1977에서 재인용).

따라서 정신분석학적 관점에서 성공회피동기는 어린 시절에 경험하는 부모와의 경쟁, 거부 등이 성공장면에서 적개심, 죄의식, 불안 등을 유발하여, 성공적인 행동을 방해하고 회피하는 결과로 나타난다고 본다.

사회인류학적 관점    사회인류학적 관점에서는 유사 이래로 존재해 왔던 인간의 성공에 대한 일관된 해석·신념으로 성공한 인간은 그에 대항하는 도덕적 요구에 상응하지 못하면 파멸한다는 입장을 나타낸다. 더 높이 있는 물건일수록 더 깊게 떨어진다는 자연현상에 비유하여, 성공하면 할수록 그 뒤의 파멸은 더 깊다는 것이다. 다시 말해서, 성공의 극치와 실패의 심연은 번갈아 돌아가는 운명의 수레바퀴 뒤에 숨겨진 역동성을 암시하고 있다. 예를 들어, 사회학에서는, 공장 근로자들에게 나타나는 성공적인 행동의 회피 현상으로 고의적인 생산의 감축, 사회적으로 인정되지 않는 저질 제품의 생산 등의 현상을 흔한 일로 받아들이고 있다(한정신, 1988; Tresemer, 1977).

인류학적 연구에서 성공을 획득하는 태도에 역행되는 예를 뉴기니아 원주민에서 찾아볼 수 있다. 성공이 지나치면 즉시 실패가 뒤따른다고 믿었던 그들은, 사냥 및 농사에서 수확이 너무 성공적이면 안 된다는 신념을 갖고 있기 때문에 의도적으로 서투른 행동을 하여 자신들의 불안을 제거했다. 즉, 그들은 성공한 사람, 치명적인 영향을 주는 초자연적이고 신화적인 힘에 대한 두려움을 성공회피로 방어하고 있음을 알 수 있다. 이와 같이 성공에 대한 부정적인 결과에 대한 이러한 신념은 많은 문화권에서 공통적으로 나타났다. 이러한 신념을 현대 심리학에 적용한 Jung은 성취지향적인 삶을 살아온 자수성가한 사업가에게서 성공신경증 현상이 두드러짐을 지적하면서, 이는 과도한 성공이 실패에 직접적인 원인으로 나타난 현상으로 볼 수 있다고 했다(Tresemer, 1977).

따라서 이러한 신념은 개인이 성취 상황에 직면했을 때 성공을 두려워하고, 결국 성공에서 비롯되는 몰락의 가능성을 방어하려는 심리학적 현상, 즉 성공회피동기를 이해하는 데 도움이 된다.

**사회심리학적 관점**　　사회심리학적 관점에서 성공회피동기는 개인이 일상적으로 사회생활을 경험하는 가운데 의도적으로 조작되고 통제된 반응들의 축적된 결과로 보고 있다. Horner에 의하면, '공포'라는 정서 상태는 유아기 이후의 성역할사회화 과정에서 형성된 그 사회의 주도적인 제도, 관습, 습관화된 역할유형 등이 개인의 행동에 직간접적으로 영향력을 행사하도록 한다(Tresemer, 1977).

이 관점에서 보면, 사회는 그 사회 구성원의 성별, 연령, 직종에 따라서 사회적 지위와 적절한 역할을 부여한다. 역할은 관습화된 인간 활동을 통해 발달되며, 역할의 형성은 제도에 따라 적용되는 것이며, 그 제도는 사회적 통제로 이어진다(Lockheed, 1975). 그러므로 개인은 지위와 역할체계 속에서 주어진 역할 행동을 적절히 수행해야 하지만, 역할에 대한 긴장, 부담, 갈등 및 모호성의 모순에 직면한다. 그런데 개인은 생애 초기에 사회적 지위와 상황에 맞는 역할을 지각하고 수행하는 방법을 주로 동조(conformity)를 통해 학습하며, 비동조가 발생할 경우에는 격리, 징벌, 일탈 등의 대가를 치른다는 것을 알게 된다. 즉, 동조함으로써 그 집단 구성원의 역할기대로부터 이탈되는 두려움을 회피하려는 것이다(한정신, 1988; Tresemer, 1977).

성공회피동기는 개인의 성공이 그 개인이 속한 집단 내의 역할 경계 영역을 침범했을 경우, 집단적 행동에 대한 동조가 실패하고 준거집단과의 사회 비교에서 일탈함으로써 결과적으로 개인적 실패를 가져오는 상황에서 두려움이 발생한다는 것이다. 특히 성역할사회화의 결과에 따라 여성은 성공을 열망하지만 한편으로는 성공하지 않기를 바라는 사회적 기대, 그리고 압력에서 받는 갈등과 결합되어 성공을 회피하는 심리 상태를 갖는다. 다시 말하면, 남성중심 사회에서 여성은 '성공의 열망–자아성장의 표현'을 금지당하고, 그보다는 친애, 인간관계의 원만함, 순종, 복종적 태도를 학습해 왔다. 이러한 경험이 누적되고 정당화되어 여성은 성취장면이나 경쟁적 상황에 직면하면 성공의 결과가 사회적으로 부정적 비판을 받을 가능성이 높기 때문에 불안을 느끼며, 성공을 회피하는 동기가 여성의 건강한 성장을 저해하게 된다.

## 2. 성역할정체감과 성공회피동기

역사적으로 남성중심 사회에서 형성된 남녀에 대한 성역할 기대로서 남성에게는 능력, 지적 성취, 지도성의 특성(남성성, masculinity)을, 여성에게는 순종적, 모성적 특성 등의 인간 상호 간의 따뜻함과 표현력(여성성, femininity)을 강조해 왔다. 그런데 현대의 성공지향적인 경쟁사회에서는 남녀 모든 개인에게 지적 성취, 과업 등에 도전하여 결과적으로 성공을 획득하는 능력을 요구하고 있는데, 이 특성들은 여성다움과는 상반되는 특성이라 볼 수 있다. 그러므로 초기 사회화 과정에서 성공과는 상호배타적인 여성다운 특성을 더 발달시킨 개인은 성취 상황에 직면했을 때, 그 상황에 대처할 수 있는 특성들의 부재로 성공하는 데 어려움을 경험한다. 따라서 전통적인 사회·문화적 배경 속에서 개인의 '성공의 열망-자아성장'에 영향을 주는 것은 성역할사회화 과정이다.

어린 시절부터 계속되는 전통적인 성역할사회화는 여성에게 성취지향성, 자율성, 지도성과 같은 특성이 발달되는 것을 억제함으로써 여성의 역할을 순종적, 의존적, 가사에 종사하는 일로 한정하고, 직업에서의 업무 수행, 성공적인 사회적 위치에서 활동하는 지도자적인 남성적 역할에 제재를 가한다. 그러므로 여성은 사적 영역, 남성은 공적 영역이라는 성이분화된 사고는 사회, 경제, 정치, 교육 등의 각 영역에서 여성의 지위와 권리가 성공적으로 향상되고 발휘되는 데 큰 장애가 되고 있다.

개인의 사회화 과정 중에서 평등한 성역할 특성(친교성과 행위주체성)을 획득하여 이상적인 양성성정체감의 개인으로 성장하도록 하는 것은 정치, 경제, 사회 각 분야에서 남성과 여성이 동등한 지위와 평가를 가진다는 것을 의미하며, 이는 곧 모든 개인의 '성공의 열망-자아성장'의 기본틀이 될 것이다.


## 1) 성역할사회화와 성공회피동기

일반적으로 개인은 성공이 실현되는 상황에 직면하면 성공에 대해 두려워하고 회피하려고 한다. 특히 Horner의 성공회피동기 이론은 여성의 성공 열망에 관한 문제를 이해하는 새로운 접근으로 제시되었다. 이 이론은 성공이 자신의 소망된 목표를 달성하게 해 주는 반면, 사회적 거부, 여성성의 상실 등 부정적 결과에 대해 혼란스럽기 때문에(Peplau, 1976), 여성의 의식 깊은 곳에서는 의도적으로 성공을 회피하고자 하는 동기가 강하게 유발된다는 것이다.

그러나 Hawkins와 Pingree(1978)는 성공회피동기는 여성이 가진 정신 내적 동기(intrapsychic energy)라기보다는 오히려 문화적 기대의 결과라고 했다. 즉, 성공회피동기는 초기 어린 시절에 성역할사회화 과정을 통해 획득되는 것으로 (김효성, 1984; 이현정, 1984; Horner, 1968), 전통적인 사회적 고정관념의 영향하에 내면화된 심리적 표현으로 간주하고 있다. 동서양을 막론하고 여성과 남성은 아동 초기의 성장 과정뿐만 아니라 성인이 되어서도 성별에 따른 다른 사회화 과정을 경험한다. 예를 들어, 남아는 그의 정체감을 발달시키기 위해 부모로부터 분리되는 훈련을 하고 독립, 성취, 경쟁, 책임적 행동(행위주체성)에 대해서 긍정적 강화를 받으며 성장한다. 그러나 여아의 경우 부모와의 애착 상태, 의존성(친교성)에 대해서는 지지를 받지만, 독립성, 성취성 등을 발달시키는 행동에는 부정적 강화를 받는다. 따라서 남성적 특성의 부재를 격려받으면서 전통적으로 사회화된 많은 여성들은 타인에게 의존하고 주변의 사회환경으로부터 지속적인 피드백과 상호작용을 원한다. 직업을 가진 여성조차도 남성의 지배하에 있는 것을 당연시하여 자신의 힘, 능력, 성공 등을 발휘할 기회를 적극적으로 포착하지 못하는 수동적 존재로서 임무를 수행한다.

이와 같이 여성과 남성의 차별화된 사회화 과정에 따라서 여성의 성공적인 역할 모델은 현모양처가 되었다. 즉, 가족을 편안하게 하고, 남편이나 자녀의 포부와 재능을 실현시키고, 시부모를 공경하는 역할을 충실히 수행하는 것이다. 이러한 전통적인 성역할 분업체계 및 이를 정당화하는 가치관에 따라 여성에게 성취동기 및 사회적 성공은 요원한 것으로 보였다. 그러므로 여성은 남성보다 상대적으로 비성취적, 비주장적, 의존적, 종속적 특성을 갖도록 전통적으로 사회화되어 성공회피 증상을 나타내지만, Horner 이후 성공회피동기를 탐구하는 연구—Heilbrun, Kleemeier, Piccola(1974), Levin과 Crumrine(1975), Lockheed(1975), Lentz(1982), 김효성(1984), 정승미(1985), 한정신(1988), 문영란(1989) 등—는 남녀의 성차를 입증하지 못함으로써 성공회피동기가 남성보다 여성에서 더 높게 나타난다고 주장한 Horner의 이론에 한계가 있음을 지적하고 있다.

이는 성공회피를 일으키는 심리적 기제에 생물학적인 성차별뿐만 아니라 다른 요인이 작용하고 있음을 나타내고 있다. 즉, 개인이 아동 초기부터 성역할사회화 과정을 통해 형성된 성역할정체감 유형이 성취 상황에서 성공회피동기를 발달시키는 중요 요인임을 시사하고 있다(김효성, 1984; 문영란, 1989; 임수정, 1987; 정승미, 1985; Cano et al., 1984; Gayton et al., 1978; Major, 1979). 다시 말하면, 자기의 생물학적 성에 관계없이 성역할사회화 과정에서 남성적 특성보다 여성적 특성을 받아들인 개인은 자립, 성취, 경쟁성, 능동성이 배제된 채 성장하기 때문에 성취 상황에 직면하면 그 상황에 적극적으로 대처하여 성공을 획득하는 것이 아니라 성공을 회피·금지하는 경향을 나타낸다.

Gayton 등(1978)은 여대생을 대상으로 심리적 양성성과 성공회피동기와의 관계를 연구했다. 양성적 특성 집단과 남성적 특성 집단은 여성적 특성 집단이나 양성의 특성이 불분명한 미분화 집단보다 성공회피동기 점수가 유의미하게 낮다고 보고했다($p<.05$). Major(1979)도 학부 여대생을 대상으로 성공회피동기에 대한 성역할정체감의 영향에 관한 연구 결과, 양성성정체감 집단은 남성성,

여성성정체감 집단보다 성공회피동기 점수가 낮았으며, 특히 남성적 특성을 소유한 양성성, 남성성정체감 집단은 남성적 특성이 낮은 여성성, 미분화 정체감 집단보다 높은 성취동기와 수행을 나타냈다고 보고했다.

정승미(1985)는 남녀 중·고등학교 교사를 대상으로 조직 성원의 성역할 지향성과 성공공포와의 관계를 파악하여 조직인의 성취 행동을 분석했다. 그 결과 성공회피동기 점수는 미분화 집단이 가장 높고, 여성지향적 집단, 남성지향적 집단, 양성성 집단의 순서로 낮게 나타나 여성적 특성은 조직활동에서 적합하지 않은 것으로 보았다. 그리고 직장인의 성역할정체감과 성공공포와의 관계를 전문기술연구직, 사무직에 종사하는 20대 남녀 직장인을 대상으로 연구한 문영란 (1989)은 남녀 모두 미분화정체감 집단의 성공회피동기 점수가 가장 높고, 남성은 양성성정체감 집단, 여성은 남성성정체감 집단의 성공회피동기 점수가 가장 낮다고 보고했다. 즉, 남성적 특성이 높은 집단은 남성적 특성이 낮은 집단보다 성공회피동기 점수가 낮은 경향을 나타낸다고 했다($p<.01$). 임수정(1987)은 남녀 대학생을 피험자로 하여 성역할정체감과 성공회피동기와의 관계에 관해 연구했는데, 남성성정체감 점수가 높은 집단에서 성공회피동기 점수가 낮은 것으로 나타났다. 성역할정체감 유형과 성공회피동기 점수 간의 관련성에 차이가 있는가를 증명하기 위해 변량 분석한 결과, 의미 있는 수준($p<.01$)에서 여성성, 양성성, 남성성 정체감 집단의 순서로 성공회피동기 점수가 높은 것으로 나타났다.

성역할정체감 유형과 성공회피동기와의 관련성을 살펴본 이와 같은 연구들에서 공통적으로 발견할 수 있는 것은 성취 상황에서 경쟁을 포기하거나 갈등하는 성공회피 증상을 나타내지 않는 집단은 남성적 특성이 높은(남성성, 양성성 정체감) 집단이었다는 점이다. 다시 말하면, 성공을 기피하지 않고 성공을 획득하여 자아성장을 이루려는 욕구가 강한 특성은 남성적 특성이며, 여성적 특성은 성공회피동기를 유발하는 결정적인 중요 요인임을 밝히고 있다.

그러나 Caballero, Giles, Shaver(1975)는 성인 여성을 대상으로 전통적인 성역할과 성공회피동기와의 관계 연구에서 성공회피동기는 전통적인 여성다움과 상관이 있는 것이 아니라, 야망이 있고 비전통적 특성을 가진 여성이 갖는 갈등의 단서라고 주장했다.

이와 같이 성역할정체감 유형과 성공회피동기와의 관련성을 탐색하는 연구들에서 일관된 연구 결과를 보이지 않고 있지만, 앞으로의 연구에서는 이론적 측면에 근거를 두고 연구대상 및 방법론적 측면을 재검토한 다음 불일치한 연구과제를 규명해야 할 것이다.

## 2) 성공회피동기의 면역 효과

성공회피동기의 면역 효과(immunization effect)란 개인이 자신을 성장시킬 수 있는 성취 상황에 직면했을 경우 성공회피 증상에 대항하여 이를 극복할 수 있는 힘을 가짐으로써 성공회피동기의 영향을 덜 받는 것을 의미한다. 그러므로 성공회피동기를 연구하는 학자들은 개인이 실제로 성공할 수 있는 상황에 처했을 때 자신감의 부족, 과제 수행의 저하, 정신적·신체적 증상 등의 심리적 장애를 일으키지 않고 성공회피 증상을 극복하며 면역 효과를 나타낼 수 있도록 하는 중요 요인을 밝히기 위해 연구를 계속해 왔다.

Cano, Solomon, Holmes(1984)는 남녀 대학생 피험자를 대상으로 성역할정 체감 유형과 성공회피동기와의 관계를 연구했다. 피험자들의 생물학적 성별에 상관없이 벰성역할검사(Bem Sex Role Inventory: BSRI)에 따라 남성성, 여성성, 양성성, 미분화 정체감으로 분류하여 성공회피동기와 중다상관을 분석한 결과, 성공회피동기는 남성성, 여성성과 모두 유의미한 수준의 상관을 나타냈지만, 남 성성과 더 강한 관계를 보였다. 이 연구에서는 요인 분석 결과에 따라 남성성정 체감의 구성요인 중 '높은 자신감, 결단력, 분석력, 독립심'이 낮은 성공회피동 기와 관련성이 있음을 제시하면서 여성적 특성의 존재(presence of feminine traits)보다 남성적 특성의 부재(absence of masculine traits)가 성공회피동기와 더 관련되어 있음을 밝히고 있다. 이것은 남성적 요인이 여성적 요인보다 성공회피 증상과 같은 심리적 장애에 저항력을 가지는 데 결정적인 영향을 주는 요인임이 입증된 것이다.

성역할정체감 유형, 성공회피동기, 성공회피동기의 면역 효과를 종합적으로 검토해 볼 때, 앞에서 언급한 성역할정체감 유형과 성공회피동기와의 관련 연구 에서는 성취 상황에서 성공회피 증상의 심리적 장애를 극복하는 유형은 남성적 특성이 높은, 즉 남성성, 양성성 정체감 집단임을 밝히고 있다. 이것은 남성적 특성이 성취지향성, 지도력, 독립성과 같은 구조를 가지기 때문에 그들이 처한 성취 상황에서 사회적 거부 등의 좌절을 경험해도 힘을 발휘함으로써 성공회피 증상에 저항력을 갖고 면역 효과를 나타내기 때문이다. 다시 말하면, 남성적 특 성의 개인은 초기의 사회화 과정에서 독립적, 지도자적 행동에 강화를 받으며 일상생활에서 성공을 획득하는 경험을 가짐으로써 성취 상황에서도 이를 극복할 수 있는 능력을 가지게 되는 것이다.

　그런데 성역할에 관련된 한국인의 의식을 조사한 결과에 따르면, 우리 사회에서 대표되는 남성적 특징은 '목표, 성공, 성취지향성, 통제력, 자기충족, 자율, 독립성, 경쟁, 운동지향성, 지배, 권위' 등 직장의 업무 수행이나 사회의 지배적인 위치에서 활동하기에 적합한 성공지향적인 특성들로 나타났다. 이에 반하여 여성적 특징은 '순종, 동정심, 말을 아름답게 표현함, 의존성, 감정이입, 민감성, 낭만성, 사랑의 지향성' 등으로 나타났고, 이 특성들은 가정 밖의 성취지향적인 역할을 하는 데 적합한 특성들이기보다는 가정 내에서 집안일을 하고 주변 사람들과 정서적으로 상호작용하는 데 더 적절한 것으로 보였다(김영희, 1989). 이와 같은 상반된 특성들 중 어떤 특성들이 성공회피동기를 극복할 수 있도록 하는지를 입증하여, 한국의 남녀 사회 구성원들의 성공회피동기에 대한 면역성을 어떻게 키워 줄 수 있는지 분석하는 것이 앞으로의 연구 과제라 할 수 있을 것이다.

　여성성정체감의 개인에게 여성적 특성의 가치를 인정하면서 동시에 성공회피 증상에 저항력을 갖는 남성적 특성을 개발하는 것, 즉 양성성정체감을 지닌 개인으로 변화시키는 것이 무엇보다도 중요하다. 이는 개인 각자에 내면화된 전통적인 성역할 가치관에서 벗어나 여성적 특성(친교성)과 남성적 특성(행위주체성)이 균형 있게 발전되어야 함을 의미하는데, 양성성 개인의 특징은 능력 있고, 성취지향적이며, 대인관계가 원만하고, 적응을 잘하기 때문에 정신적으로 건강한 삶을 유지한다고 볼 수 있다(김영희, 1989). 다시 말하면, 양성성 개인은 고정관념화된 성역할 제한으로부터 자유로워 변화하는 사회적 요구에 융통성 있게 반응할 수 있는 유능한 개인인 것이다.

그러므로 그들은 일상생활에서 성공하는 장면에 직면해도 자신감의 부족, 자신의 능력 비하, 과제 수행의 저하 등의 심리적 장애를 일으키지 않고, 성공의 열망이 곧 자신의 성장 과정으로 이어진다는 기대와 신념을 발달시킨 건강한 자아실현인의 삶을 영위할 수 있다.

요약하면, 성공회피동기를 연구하는 학자들은 성공회피동기가 남녀의 성별 차이에 따른 특성이 아니라 아동 초기의 사회화 과정 중에 형성되는 여성적 특성(친교성)과 남성적 특성(행위주체성)에 대한 기대 등이 사회·문화적으로 조건화되고 강화된 결과로 보고 있다. 다시 말해서, 성공회피동기는 남녀 모든 개인이 경험하는 갈등의 심리적 특성이다.

성공회피동기는 경쟁, 성취를 강조하는 현대사회에서 구성원들이 성공하여 자아를 성장시키는 것을 저해하고 있다. 즉, 성공회피 증상을 나타내는 개인은 성공을 간절히 원하면서도 한편으로는 성공을 회피하거나 금지하고 싶은 갈등 속에서 자신감의 저하와 수행능력의 감소 등으로 심리적 장애를 일으킨다. 그러므로 개인이 성공지향적인 상황에서 발생되는 성공회피 증상에 대처할 수 있는 면역성을 갖는 것은 미래사회에서 심리적으로 건강한 삶의 질을 기대할 수 있다.

따라서 개인은 성취, 성공, 경쟁을 요구하는 상황에 직면하더라도 심리적으로 갈등하지 않고 자신감과 수행능력의 향상을 가져올 수 있는 성공회피동기에 대처하는 강인한 힘과 특성을 발달시켜야 한다. 성공회피동기에서 벗어나 건강한 성장을 하기 위해서는 타인과의 정서적 유대를 강조하는 친교성의 여성적 특성보다는 사회적 활동이나 일을 강조하는 행위주체성의 남성적 특성이 더 요구된다. 특히 개인은 성공회피 증상에 저항할 수 있는 '높은 자신감, 결단력, 분석력, 독립심'의 특성을 개발하여 성공회피동기를 극복하는 면역성을 높여야 한다.

이와 같이 개인이 성공회피동기에 대한 면역성을 획득하여 그들의 성공에 대한 열망과 자아성장이 위축되지 않고 심리적으로 건강함을 유지하도록 하는 것은 이 분야의 연구자들에게 매우 중요한 문제로 부각되고 있다. 앞으로의 과제는 한국의 사회·문화적 배경을 고려하여 성공회피 증상을 경감시킬 수 있는 특성을 연구하고, 이와 함께 성공회피동기를 극복하기 위한 구체적인 치료 프로그램이 개발되어야 할 것이다.

# Chapter 05

# 한국 여성의 심리장애와
# 심리치료의 방향

인간 행동의 심리적 특성을 연구하는 교육학, 심리학, 정신의학 등에서는 최근의 여성주의적 이론과 방법을 도입하여 활발한 연구를 진행해 왔다. 지금까지 이 분야에서는 남녀의 심리적 성차이(sex difference)와 성역할(sex role)에 관한 연구가 많이 탐색되어 왔지만, 한국 여성의 심리장애와 심리치료의 방향을 분석한 연구는 드물었다. 따라서 이 장에서는 첫째, 상담이나 치료 분야에서 나타난 한국 여성의 심리장애의 특성을 살펴보고, 둘째, 한국 여성의 심리적 상처를 여성중심적 시각에서 이해하여 그들의 자아치유와 건강한 성장을 돕는 치료의 방향을 제시하고자 한다.

최근 한국에서 인간 행동의 심리적 특성을 연구하는 교육학, 심리학, 정신의학 등에서는 여성학에 관한 관심이 높아지고 여성주의적 이론과 방법의 도입이 활발해지고 있다. 특히 이 분야에서는 남녀의 심리적 성차이, 성역할, 여성상담(feminist counseling), 여성중심치료(feminist therapy) 등에 대한 연구들이 흥미 있는 주제로 부각되고 있으며, 체계적인 학문 영역으로 발전하고 있다.

그동안 여권 신장 운동(feminism)은 우리나라의 남성주의 사회에서 갖고 있는 이분화된 성역할 고정관념의 가치관을 변화시키고, 남녀평등의 새로운 의식을 고취시키려고 노력해 왔다. 그러나 우리 사회에는 뿌리 깊은 유교적 가부장제도를 통해 성적 불평등의 사고가 폭넓게 잔존해 있어, 아직도 사회 구성원의 절반에 해당되는 여성이 사회 각 부문에서 자신의 잠재력을 충분히 발휘할 수 있는 여건이 마련되어 있지 않다.

그런데 지금 모든 분야에서 한국은 21세기 미래사회의 새로운 장으로 발돋움해야 할 시점에 와 있다. 사회 구성원인 모든 여성과 남성은 우리 사회의 여러 측면을 개혁·발전시켜야 할 시기를 맞이했다. 그렇지만 현재까지 남성중심 체제가 만들어 놓은 전통적인 여성다움에 대한 규범은 이 개혁과 발전에 걸림돌이 되고 있다. 즉, 여성의 역할과 기능을 출산, 육아, 가사노동으로 제한하며, 여성의 가정적, 사회적, 경제적 지위를 의존적, 예속적, 비생산적으로 머물도록 한다. 이러한 상황에서 여성이 자신의 적성, 능력 등을 충분하게 발휘하면서 심리적으로 건강한 삶을 영위하기는 힘들다. 여성에 대한 성차별주의적이고 왜곡된 사고는 여성이 자신의 능력을 발휘할 기회가 주어지는 경우에도 기존의 사회적 제도가 이를 거부·억압함으로써 여성으로 하여금 열등한 지위를 경험하게 한다. 그러므로 우리 한국 여성은 과거의 전통적 규범과 그에 대한 비판의식 사이에서 회의와 갈등을 경험하며, 그 결과 남성보다 더 많은 정서적 문제를 갖고,

좌절, 불안, 우울, 무기력, 자신감 상실 등과 같은 심리적 장애로 고통을 겪는다.

다시 언급하겠지만, 한국 여성은 심리적 장애로 남성보다 더 많이 치료를 받는 것으로 보고되고 있다(이정균, 변영찬, 1987; 황원준, 정용균, 김종주, 1995). 그런데도 우리나라의 상담자/치료자는 여성 심리, 여성의 문제 등을 대부분 인식하지 못하고 있으며, 이들은 여성에 대한 성차별적인 편견을 가지고 여성 환자들을 치료하고 있는 실정이다. 즉, 전통적 심리치료는 여성 환자들로 하여금 치료과정에서 기존의 성차별적 사회체제에 적응하도록 함으로써 그들을 근본적으로 치료한다기보다는 퇴행적으로 전통적 성역할로의 회귀를 강조함으로써 여성의 올바른 이해와 치료에 오히려 커다란 저해요인이 되고 있다. 이와 같이 우리 사회에서 여성이 경험하는 특유의 여성 문제들은 그들의 성장 과정, 즉 여성과 남성의 불평등한 사회화 과정에서 비롯된 것이 많으므로 여성의 심리문제에 대한 올바른 이해에 근거해야만 재사회화 과정인 상담 및 치료가 효과적일 수 있다.

가부장적 남성중심 사회에서 한국 여성은 성차별, 고정화된 성역할, 여성 비하, 감정의 억압 등의 사회·문화적 원인으로 신체적 장애, 우울, 불안, 무기력, 화병, 섭식장애, 히스테리 신경증 등에 따르는 심리적 고통을 받아 왔다. 그 결과 한국 여성은 극심한 자신감의 저하로 정신건강에 심각한 위협을 받고 있는 상태다. 그러므로 여성과 남성의 정치, 경제, 사회적 동등성의 중요성뿐만 아니라, 치료에서의 새로운 기교(technique)가 아닌 새로운 태도(attitudes)의 필요성이 요구된다. 즉, 여성의 정신건강을 위해서는 여성중심치료가 여성치료의 가야 할 방향으로 제시되고 있다. 특히 성편견을 갖고 있는 치료자들은 여성중심치료의 시각으로 여성을 이해하고 치료해야 한다.

# 1. 한국 여성의 전통적 성역할사회화와 정신건강

한국 여성은 전통적 성역할사회화의 영향으로 여성이 여성다운 특성에 일치한 행동을 했을 때 자신의 성별과 일치하지 않는 행동을 하는 여성보다 심리적으로 더 건강하고 적응을 잘 하는 것이라고 강화받아 왔다. 그러나 급변하는 사회 속에서 성정형화(sex typing)된 여성은 항상 성역할에 적합한 상황에 처하는 것이 아니기 때문에 자신에게 주어진 성역할에서 조금 벗어나는 상황에도 적응하기가 어려워 심리적 갈등을 초래한다(정진경, 1992).

장재정(1987)이 한국 중년 여성을 대상으로 실시한 성역할정체감과 심리적 건강과의 관계 연구에 따르면, 양성성정체감과 남성성정체감의 여성이 여성성정체감과 미분화정체감의 여성보다 심리적 건강이 더 좋은 것으로 나타났다. 남성적 특성이 높을수록 적응이 잘되며, 양성성정체감의 여성도 전반적으로 적응이 높게 나타난 것은 남성적 특성에 기인하는 것이라 보고 있다. 이와 같은 결과는 현재 우리나라에서 여성에 대한 대부분의 평가가 굴절되어 정당한 그들의 지위를 누리지 못하고 있음을 지적하는 것이다. 이는 성차별주의에 따른 남성지배 문화가 존재한 이후 남성적 특성만이 가치 있는 것으로 수용되고 여성적 특성이 인간의 성격 특성으로 가치 있게 인정받지 못했다는 것을 단적으로 말하는 것이다. 따라서 여성이 남성보다 정신장애를 더 많이 나타내는 것은 여성이 전통적 성역할을 학습하여 여성성정체감을 더 많이 지닌다는 것으로 해석할 수 있다. 김영희(1989)의 연구에 따르면, 여성은 중고등학교, 대학교에서 남성성정체감과 양성성정체감보다는 여성성정체감을 더 가지며, 남성성 및 양성성 정체감 집단보다 여성성정체감 집단이 무기력에 더 민감한 것으로 나타났다. 이는 한국 사회에 여전히 성역할 전통주의를 고수하려는 의식구조가 내재해 있어, 여성이 남성적 특성을, 남성이 여성적 특성을 개발하여 인간의 성격 특성인 남성적, 여성적 특성 모두를 소유한 양성성정체감의 개인으로 성장하는 것을 초기 사회화 과정에서부터 제한하고 있기 때문이다.

여성이 여성성정체감을 더 갖는 것은 전통적 성역할만을 학습한 결과로 볼 수 있으며, 이는 더 나아가 여성의 심리장애에 영향을 주는 요인이 된다. 양성성정체감의 개인은 남성적 특성(행위주체성)과 여성적 특성(친교성)과의 균형을 이루며, 이들은 고정관념화된 성역할 제한으로부터 자유로워 변화하는 사회적 요구에 융통성 있게 반응할 수 있는 능력이 있고, 성취지향적이며, 대인관계가 원만하고, 적응을 잘하기 때문에 심리적으로 건강한 삶을 유지한다고 볼 수 있다.

이러한 우리나라의 현실 속에서 여성의 정신건강을 위해 그들의 성장에 새로운 기대와 활력을 주기 위해서는 여성에 대한 성차별적인 편견을 가지고 여성 환자를 치료하는 전통적 심리치료보다는 여성학적 시각을 통해 먼저 한국 여성의 새로운 가능성을 인정하는 여성중심의 심리치료가 요구된다.


## 2. 한국 여성의 심리장애

여기에서는 성차별이 만연하는 우리 사회에서 여성 심리와 여성의 문제를 인식하지 못하는 치료자/상담자가 많이 있다는 전제하에서 한국 여성의 심리장애를 유병률, 장애의 종류, 장애의 원인을 통하여 살펴보고, 진단 자체의 문제점도 검토해 보고자 한다.

### 1) 심리장애의 유병률

「한국정신장애의 역학적 조사 연구」(이정균, 변영찬, 1987)에 따르면, 심리장애의 평생 유병률을 비교할 때 여성이 남성보다 유의하게 높게 나타났으며, 황원준, 정용균, 김종주(1995)의 연구에서도 남녀 비율이 약 4:6으로 과거의 정신과와 관련된 역학조사의 결과와 비슷한 것으로 나타났다. 「정신과 응급실 반복 방문자들에 관한 분석」(박두병 외, 1993)에서 정신과 응급실 방문자들 중 여성(62.2%)이 남성(38.8%)에 비해 현저하게 높은 이용률을 보여 선행연구들과 일치하는 결과를 보여 주었다.

이혜련(1992)은 남성에 비해 여성은 사춘기에 들어서면서 우울이 증가하여 심리장애 발생의 남녀 성비가 이 시기부터 달라진다고 했다. 또한 김남순(1986), 한혜경(1986)의 연구에서도 한국 중년 여성이 남성보다 병리적 증후를 더 나타내는 것이 일반적인 경향이라고 했다. 이와 같이 여성이 남성보다 정신병리에서 더 높은 비율을 보이는 것은 정신건강 분야에서 중요한 연구 과제로 분석되어야 할 것이다.

## 2) 심리장애의 종류

남녀가 공통적으로 나타내는 정신문제가 있지만 성에 따라 장애의 종류에 차이가 있다는 연구들이 있는데, 남성은 알코올중독, 마약중독, 반사회적 행동, 자살이 많고, 여성은 우울증, 공포증, 불안장애가 많은 것으로 보고하고 있다.

이정균(1991)은 남성에게는 물질사용장애, 반사회적 인격장애가 높고, 여성에게는 정동장애, 신경증적 장애와 인지장애가 많다고 했다. 김정곤(1983)은 「중년여성 입원환자에 대한 연구」에서 중년 여성과 남성은 1.7:1의 발병률을 보이고여성 환자에게 가장 많이 나타나는 질병은 신체형 장애이며, 남성 환자의 경우는약물탐닉으로 보고했다. 앞서 언급한 「정신과 응급실 반복 방문자들에 관한 분석」(박두병 외, 1993)에서는 일반적으로 남성에게는 알코올성 정신장애, 반사회적인격장애가, 여성에게는 정신장애, 불안, 신체화 장애가 많이 나타난다고 보고했다. 김영철, 정향균, 이시형(1989)의 「일반성인에서의 생활스트레스가 정신증상및 신체에 미치는 영향」에서는 대체로 모든 정신 증상이 여성에게 높게 나타났는데, 특히 신체화, 우울증, 정신증의 비율이 높았다. 홍완호(1978)는 「우울증 빈도의 남녀 대비에 관한 고찰」에서 국내외를 막론하고 우울증이 대체로 남성보다 여성에게서 더 많이 나타나고, 한국에서는 그 비율이 여성이 남성보다 2배 정도 높으며, 40~50대 연령층에서 우울증의 발병률이 가장 높다고 보고했다. 민성길, 남궁기, 이호영(1990)은 화병은 중년 이후의 여성에게 많이 나타나고, 사회경제적 수준이 낮은 계층에서 그 발생 비율이 높으며, 화병의 증상은 우울, 불안, 불면, 소화장애, 두통, 신체통증으로 보고했다. 화병은 진단적으로 우울증, 범불안

장애(공황증상 강박증까지 포함한), 신체화 장애로 볼 수 있고, 화병을 호소하는 환자 중 여성이 77%, 남성이 23%라고 보고했다. 한오수, 유희정(1990)은 「식이절제 태도에 따른 심리적 특성」에서 현대 여성들이 과거와 달리 신체의 아름다움을 유지해야 한다는 사회적 압력에 부응하기 위해 체중 조절을 하고 있으며, 그에 따라 섭식장애(eating disorder) 등이 나타나고 있다고 보고했다.

심리장애 외에 여성만이 경험하는 외상(trauma)이 있다. 『한국성폭력상담소 개소 2주년 기념 자료집』(1993)에 따르면, 2년간의 총 상담 수 1,987건 중 성폭력 문제가 1,260건(63.4%), 순결, 성 문제, 남편의 폭행, 이혼, 이성교제가 727건 (36.6%)이고, 그 외의 문제는 근친상간, 성희롱 등이었다. 김광자, 김광일(1985)은 우리나라에서의 아내 구타율은 결혼 후 구타당한 경험이 있는 여성이 42.2%로 나타났고, 지난 1년 간 구타당한 경험이 있는 여성이 14%로 나타났다. 성폭력이나 구타를 당한 여성들은 그 후유증으로 신체적으로뿐만 아니라 심리적, 정신적으로 고통을 당한다. 이러한 여성들은 자존감과 자신감을 잃고 무기력해지며, 자살을 생각하고, 남자/남편이 죽었으면 하는 심리 상태를 보인다고 했다. 여성에게 특별히 나타나는 심리장애 증상이나 여성만이 경험하는 외상에서 비롯된 정신적, 심리적 후유증은 여성의 입장에서 조명해 봄으로써 이해가 가능할 것이다.


### 3) 심리장애의 원인

특정한 심리장애에서 특별히 여성에게 유병률이 높은 것은 어떤 이유이고, 성폭행, 아내 구타 등이 발생하는 이유는 무엇일까? 이것이 시사하는 것은 무엇인가?

극단적인, 전형적인 여성적 특징과 우울증은 유사하다. 즉, 수동성(passivity), 의존성(dependency), 자신감의 결여(lack of self confidence), 무기력(helplessness)의 증상이 공통적으로 나타난다. 우울증에서 성차가 나타나는 것은 사회화의 차이 때문이라고 설명할 수 있다. 여성이 우울증의 증상을 많이 표현하는 것은, 우울증이 극단적인, 전형적인 여성적 특징과 비슷하기 때문에 사회적으로 수용되고 이를 통해 여성은 심리적 장애를 더 자유롭게 표현하게 되는 것이다. 여성은 관계에서 실망을 잘하고 관계 유지를 위해 분노, 욕구, 소망을 억제하고 관계에서의 실패를 자아의 실패로 여기는 경향이 우울로 나타나며, 남성은 관계에서보다 성취에서 실패가 우울로 나타난다. 남성은 우울증을 피하거나 부정하거나 포장한다. 그들은 우울증을 인정하면 사회적 거부를 당할까 두려워하므로 혼자서 처리하거나 사회에서 인정되는 방법, 즉 직업과 관계되는 문제, 또는 정신신체적 증상으로 치료를 받는다. 모든 알코올중독이 곧 우울증은 아니지만 남성에게 알코올중독이 많은 것도 이렇게 설명되고 있다.

한국성폭력상담소(1993)에 따르면, 성폭력 범죄가 지극히 남성중심적인 성문화와 여성의 낮은 사회적 지위, 여성의 성을 상품화하는 퇴폐향락 산업 등에서 비롯되는 사회구조적 범죄이자 여성인권 침해 범죄라는 사실을 인식하지 못하고 개인적 차원의 문제로 간주하여 사회제도적 장치를 마련하지 못했다고 보고하고 있다.

윤진(1987)은 아동 학대와 아내 구타와 같은 가정폭력은 피해자에 대해 가해자인 남성이 갖는 태도와 신념과 관계가 있다고 보았다. 가해자들이 자녀와 아내를 하나의 독립된 인격체로서보다는 개인의 소유물 혹은 종속적 관계로 잘못 지각하여 폭력을 행사한다고 보았다. 김광일(1988)은 대부분의 경우 아내 구타의 원인을 아내의 병적 정신 상황 자체에 있다고 보며, 그 원인을 남편의 정신병리로 언급한 논문은 드물다고 했다. 또한 최근에 와서 여권의 입장에서 이 문제를 사회문제로 부각시키고 그 원인과 대책에서도 한 개인이나 가정 내의 상황에서 보기보다는 사회적인 관점에서 확대시켜 보는 경향으로 확산되고 있다고 지적했다.

민성길, 소은희, 병용욱(1989)은 화병에 대해 가정생활과 사회생활에서 오는 만성적 갈등에 따른 여러 가지 감정 반응을 억제(suppress)하여 온 결과 점진적으로 발병하는 것으로 보고, 한국 민족적 감정의 하나인 한(恨)으로 설명했다. 여성에게 많이 나타나는 신체화 증상(김영철, 정향균, 이시형, 1989)도 한국 문화가 억압문화권으로, 특히 여성의 갈등 해소가 남성에 비해 원만치 못한 것에도 원인이 있다고 보았다.

언급된 연구들의 공통점은 여성의 심리장애의 원인으로 사회·문화적 원인이 많이 작용한다는 것이다. 특히 남성 위주 사회의 성차별, 고정화된 성역할, 여성 비하, 갈등과 감정의 억압 등이 지적되고 있다.

## 4) 심리장애 진단의 문제

Broverman 등(1970)은 심리치료에서 치료자들이 여성에 대해 갖는 성차별적 태도에 관한 연구에서 정신건강의 이중 규준이 여성과 남성 사이에 존재하고 있음을 입증했다. 즉, 양성의 치료자들은 건강한 성인의 규준을 건강한 남성에게 는 적용하지만, 건강한 여성에 대해서는 부정적 개념을 갖고 있다는 것이다. 건 강한 여성은 건강한 남성보다 위기에 처했을 때 더 쉽게 영향을 받고, 감정적 · 복종적이고, 자만심이 강하며, 독립적 · 객관적인 면에서 남성보다 열등한 존재 로 평가하고 있다. 전통적 정신건강의 모델에서는 정신적으로 건강한 성인은 곧 건강한 남성의 특징으로 보았다. 건강한 성인이란 성취지향적, 합리적, 도구적, 독립적, 공격적, 개별적임을 의미하고, 관계를 잘 맺는, 상호의존적인, 공감적 인, 양육적인 여성의 특성은 평가 절하되어 왔다. 여성 심리장애에 대한 진단 자 체에 이미 성편견(sex bias)이 개입되어 있다는 의문이 들며, 이는 전형적인 여성 행동을 성격장애로 진단 · 분류(labeling)할 수 있음을 시사한다. 다시 말해서, 여성의 학습된 행동을 병리적으로 볼 수 있는 위험성을 경계해야 하며, 정신건 강 분야에서 '정신적으로 건강하다'의 의미를 재정의할 필요가 있다고 본다.

## 3. 한국 여성의 심리치료의 방향

인간의 기본욕구는 같다는 관점에서 보면, 여성, 남성 모두에게서 나타나는 심리장애의 핵심 감정도 같다고 볼 수 있다. 그러나 '왜 한국 여성의 정신장애 유병률이 특히 우울증, 신체장애, 화병 등의 장애에서 남성에 비해 두드러지게 높을까?' '여성만이 경험하는 성폭행, 아내 구타 등의 문제는 어떻게 볼 것인 가?' '여성의 경험을 남성의 관점이 아니라 여성의 입장에서 이해하고, 진단하고, 치료하고 있는가?'에 대한 문제들은 한국 여성의 심리적 장애를 치료하는 데 매우 중요하다.

앞에서 언급한 것처럼, 한국 여성은 남성보다 심리장애로 더 많은 치료를 받는다. 그런데 일반적으로 치료자/상담자는 여성에 대한 성역할 고정관념을 가지고 여성 환자를 치료하고 있는 실정이다. 최해림(1989)은 '여성 환자를 남성 위주의 사회 맥락에서 볼 때 정말 제대로 이해할 수 있는가?' 하는 문제를 제기하면서, 여성 환자의 경우 성차별주의 사회에서 억압당해 온 존재로서 새롭게 조명하여 이해해야 하며, 또한 치료자의 신념, 가치, 태도의 체계 안에 이러한 새로운 방식이 의식화되어 있어야 여성 환자의 심리적 상처가 치유될 수 있다고 했다. 과거의 전통적 심리치료는 여성 환자의 심리적 성장을 도와주기보다는 성차별적인 가치와 구조에 여성이 적응하도록 함으로써 여성 환자를 치료하는 데 실패할 가능성이 크다. 따라서 여성 환자를 위한 새로운 접근방법의 치료가 요구된다.

남성중심 사회에서 심리적 억압의 희생자인 여성의 성장과 자유를 위한 치료는 1960년대 미국에서 출발했다. 이 치료는 여성 해방 철학을 구체적으로 현실에 적용하여 성차별 사회 안에서 여성의 경험을 이해하고 여성 발달에 대한 성차별에서 자유로운(non-sexist) 이론을 세우고자 하는 시도였다. 이에 따라 상담 및 정신치료 분야에서 여성이 용기를 잃고 심리적 상처를 받는 현실 상황에 반기를 든 치료적 접근, 즉 여성중심치료(feminist therapy)가 나타나게 되었다. 이 심리치료는 여성에 대해 불공평하고 억압적인 전통적 심리치료에 반대하며 발달되었으며, 심리치료의 이론과 실제에서 본래부터 지닌 성차별주의에 대한 왜곡된 인식을 수정해 나갔다. 치료에서는 여성의 심리적 장애를 사회·문화적인 요인에서 분석함으로써 여성의 심리적 성장뿐만 아니라 사회적 변화를 위해 많은 노력을 기울였다(김영희, 1992). 또한 1975년 APA(American Psychological Association)에서는 Committee on Women in Psychology Task Force를 구성했다(Gilbert, 1992). 이 Task Force의 연구 결과는 심리치료에서 성차별과 성역할고정화를 감소시킬 필요가 있음을 지적했으며, 최종 보고서에서는 대학원 학생, 치료자들을 교육시키고 성차별에 대한 이론을 검토하여 성차별적인 치료(sexist practice)에서 벗어날 것을 강조했다. 여성을 치료할 때의 지침으로는 첫째, 성역할과 성과 관련된 현상(sex related phenomena)에 관한 연구에 대한 지식에 익숙할 것, 둘째, 치료가 성차별주의나 성역할 고정관념에 얽매이지 말 것, 셋째, 여성에게 심리적 어려움을 일으키는 상황적, 사회적 조건을 인식할 것으로 제안했다.

이와 같이 여성 환자를 잘 치료하기 위해서는 그들을 잘 이해해야 하는 것은 당연하다. '여성의 심리적 특성은? 여성의 정체감은? 여성의 발달과업은? 적응문제는? 이러한 질문에 대한 대답은 어떤 증거에서 나온 것인가?', 예를 들어 '여성의 적응, 정신건강이라고 할 때 그것은 무엇을 의미하는가, 무엇에 근거한 것인가?' 하는 더 근본적인 문제까지 살펴보아야 한다.

즉, 과거에 아동을 성인의 축소형으로 이해했을 때 많은 부작용이 있었듯이, 여성을 남성 위주의 사회 맥락에서 보면 정말 제대로 이해할 수 있는가 하는 문제다. 치료자가 환자를 제대로 이해한다는 것은 폭넓은 의미를 포함한다. Carl Rogers가 말하는 자아실현을 향한 선천적인 경향성을 가진 인간으로서의 여성을 유기체적 가치화 과정(organismic valuing process)에서 볼 수 있을 때 여성을 이해할 수 있으며, 여성이기 때문에 그들의 현상적 장에 스며들었던 가치의 조건들(conditions of worth)이 무엇인지, 사회와 문화에 따라 조건화된 것이 무엇인지를 파악했을 때 여성 환자를 제대로 이해할 수 있는 것이다.

외국의 연구 결과에 따르면, 여성중심치료가 대부분의 환자들에게 전통적 심리치료보다 더 효과적인 치료방법임을 보고하고 있다(Mareck et al., 1979). 또한 만성적으로 심각한 신경증을 가진 여성 집단에서 자아존중감을 증가시키는 데 효과적임을 입증하고 있다(Alyn & Becker, 1984).

우리나라에서는 김은주(1990), 김영희(2005)가 여성중심치료의 모델로 제시될 수 있는 의식향상 훈련을 통해 여성들의 양성성정체감이 발달되고 자아존중감이 향상되는 효과를 입증하고 있다.

또한 김동순(1992)은 여성 환자를 치료하면서 거의 모든 치료 사례에서 여성에게 열등감, 자기 비하가 나타나 자존심 회복이 힘들다고 하면서, 여성은 남성 위주 사회에서의 성차별적 편견에서 벗어나 여성 자신에게 내재된 열등의식과 의존성을 깨닫고 극복하여 자유로운 주체성을 확립하는 것이 치료에서 중요하다고 언급했다.

여성중심치료에서 치료자의 선택은 특히 중요하다. 과거 치료자들의 무의식적인 고정관념은 여성 환자들의 잠재가능성을 억압하여 성장을 방해했다. 전통적 심리치료가들은 대부분의 환자들이 여성임에도 불구하고, 이들을 열등한 존재로 보며 차별적 대우를 했으며 여성 환자의 능력이 변화되는 것을 억제해 왔다. 따라서 치료에서 새로운 태도(attitudes)를 요구하는 여성중심치료의 치료자는 환자의 성(sex)에 상관없이 여성과 남성의 동등성을 이해하고 그들의 문제를 탐색하여 그 문제의 정당성을 인정해야 한다. 또한 환자의 개인적 힘(personal power)을 강화시켜 분노를 표현하도록 하고, 자기양육적인 행동을 고무시킬 수 있어야 한다. 즉, 치료자 스스로 의식 향상이 된 양성성 개인이어야 한다(김영희, 1992; 최해림, 김영희, 2000; Alyn & Becker, 1984). 이러한 자질과 더불어 여성중심치료자임을 스스로 표명하거나 여성과 남성의 역할, 특성, 행동에 대해 편견 없는 태도를 밝히거나 또는 여성운동단체나 집단에 참여하여 여성 개발에 힘쓸 때 여성중심치료자임을 분명히 할 수 있다(최해림, 1989; 최해림, 김영희, 2000).

가부장적 남성중심 사회에서의 한국 여성은 자신의 정당한 지위를 누리지 못하고 굴절된 평가를 받은 결과, 우울증, 화병, 신체적 장애, 성폭행 및 아내 구타 행위 등에 따른 자기경멸과 심리적 훼손으로 그들의 정신건강에 심각한 위협을 받아 왔다. 이러한 현실 속에서 한국 여성의 성장에 새로운 기대와 활력을 줄 수 있는 여성중심치료는 여성에 대한 편견과 차별이 정당화되고 있는 우리나라의 정치적, 사회적 측면을 변화시킬 수 있는 힘(empowerment)을 갖게 해 주고, 여성의 자아치유와 건강한 성장을 돕는 새로운 형태의 심리적 치료 접근으로 제시된다.

여성중심치료는 남녀 모든 개인이 환자/내담자가 될 수 있다. 그러나 성차별 주의 사회에서 남성보다는 여성이 더 억압받고 있기 때문에 여성의 자신감을 회복하기 위해서는 남성보다 여성에게 더 필요하다는 의미가 포함되어 있다. 그러나 지난 40년 간 우리 사회에서 남성이 여성보다 더 우월한 위치에 있었다는 이유로 남성들의 문제에 관심을 덜 갖는 것은 또 다른 의미의 성차별이라고 볼 수 있다. 그러므로 미래사회에서 사회 구성원들의 삶의 질을 높이기 위해서는 심리적으로 고통당하는 여성과 남성 모두가 개인의 정체를 탐색하도록 도와주고, 동등한 성역할 발달의 포괄적인 개념을 재구조화함으로써 그들의 성장과 발달에 적합한 치료 환경을 제시하는 상담 및 심리치료가 요구된다.

이 시점에서 'feminist therapy'라는 말은 사라지고 'gender fair therapy' 'gender aware therapy'가 등장하여 21세기의 상담 및 정신치료의 방향이 제시되어야 할 것이다.

# Chapter 06

# 여성을 위한 심리치료의 새로운 접근: 여성중심치료

　우리 사회에서 여성에게 자신의 능력을 발휘할 기회가 주어질 경우 성차별주의의 왜곡된 사고 때문에 기존의 사회적 제도가 이를 거부하고 억압함으로써 여성은 좌절, 불안, 무기력 등과 같은 심리적 장애를 경험할 수 있다.

　이와 같은 심리적 장애로 고통을 받고 치료를 받으러 오는 내담자가 주로 여성임에도 불구하고, 이 분야에서는 남성이 지배적인 치료자 역할을 담당하고 있다. 특히 치료자들이 여성이든 남성이든 간에 그들은 대부분 전통적 성역할 고정관념을 바탕으로 치료하고 있다. 치료에서 이러한 남성우월적 사고는 여성으로 하여금 자기경멸과 심리적 훼손을 불러일으켜, 모든 사회적 관계에서 여성에게 불리한 점을 주는 학습된 무능력을 경험하는 결과를 가져왔다. 그러므로 지금까지 수행되어 왔던 전통적 심리치료는 전통적 성역할 및 가치를 강조하면서 여성을 억압하고 왜곡하는 사회적 통제의 매개체로써 기여해 왔다. 그에 따라 여성은 오히려 용기를 잃고 더 깊은 심리적 상처를 받았다. 이러한 현실 상황에 반기를 들고 새로운 태도를 요구하는 치료적 접근이 나타났는데, 이것이 바로 여성중심치료(feminist therapy)다.

여성중심치료는 지금까지 습관처럼 무시되어 왔던 인류의 절반에 해당되는 여성에게 필요하다는 의미가 강하게 내포되어 있지만, 이는 남녀 모든 개인이 성(sex)을 초월하여 자유롭고 건강한 성장을 할 수 있도록 이끄는 역할을 수행한다. 현재 우리 사회에서 여성을 바라보는 시각은 과거와 비교해 많이 변했지만, 아직도 여성에 대한 대부분의 평가는 굴절되어 있어서 여성은 자신들의 정당한 지위를 누리지 못하고 있다. 이러한 우리나라의 현실 속에서 여성과 남성 모두에게 그들의 성장에 새로운 기대와 활력을 주는 여성중심치료를 소개하는 것은 상당한 의의를 갖는다. 특히 우리 사회는 유교적 가부장제의 가치관이 사회의 각 측면에 만연되어 있기 때문에 여성에 대한 편견과 차별이 정당화되는 실정이므로, 여성을 억압하는 남성중심 체제를 변화시키는 힘이 절실히 요구된다.

따라서 치료 과정에서 기존 사회체제에 개인이 적응(adjustment)하기보다는, 개인적, 사회적, 정치적 측면에서의 변화를 강조하는 여성중심치료는 성차별주의 가치관을 가진 우리 사회에 적용되어야 할 새로운 형태의 심리적 접근이다. 자아를 상실해 가는 현대인의 삶을 건전한 방향으로 유도하기 위한 심리치료, 그중에서도 과거부터 현재, 미래까지 이어져 있는 굴절된 삶을 살아가는 여성의 자아치유를 위한 여성중심치료의 개념과 역사적 배경 및 치료방법을 살펴봄으로써 남녀 모두의 심리적 성장에 도움을 주는 심리치료의 새로운 방향을 제시하고자 한다.

# 1. 여성중심치료의 기본 개념

우리 사회의 가부장적 제도는 남성과 여성에 대한 전통적 고정관념을 갖게 하여 개인이 자아실현을 위한 성장을 하는 데 장애가 되고 있다. 여성중심치료는 이러한 개인의 자유롭고 건강한 성장을 위해 유용한 도구로 작용하고 있는데, 치료에서 가장 기본이 되는 개념을 살펴보면 다음과 같다.

첫째, 여성중심치료는 여성의 사회적 지위에 대해 정치적 측면을 고려한다 (Lerman, 1974). 많은 사람들이 여성중심치료를 치료가 아니라 하나의 정치적 신조(political doctrine)라고 하는데, 이는 여성중심치료가 정치적 요소를 내포하고 있기 때문이다. Marecek, Kravetz, Finn(1979)의 연구에 따르면, 여성중심치료를 받은 여성은 전통적인 심리치료를 받은 여성보다 정치적 견해가 혁신적인 측면으로 지향되고, 스스로를 여성운동의 구성원으로 간주한다고 했다. 그러므로 여성중심치료는 여성으로 하여금 개인적, 사회적 문제의 본질을 파악하여 사회적 힘을 변화시키는 정체(identity)를 갖게 해 준다.

둘째, 여성중심치료에서는 치료자와 내담자 사이에 평등한 관계가 유지되도록 한다(Rawlings & Carter, 1977). 치료에서의 위계적 관계는 여성의 본질적인 문제인 종속의 경험을 영속시키지만, 치료자와 평등한 관계를 경험하면 내담자는 다른 분야에서도 객관적 힘의 관계를 체험할 수 있다. 따라서 치료자는 여성의 동등성과 자율성을 지지하는 개인이어야 하며, 여성 내담자로 하여금 스스로 자아를 찾도록 격려해야 한다.

셋째, 여성중심치료는 가치를 내포하는 계획(value-laden enterprise)이다 (Bart, 1971). 치료자는 내담자의 가치, 즉 성역할 기대, 성적 지향과 행동(sexual orientation and behavior), 분노, 의존성 등이 명백해지도록 용기를 북돋아 주어야 한다. 치료자는 내담자의 개인적 경험에 영향을 주는 전통적인 사회적 역할과 규범에서 비롯되는 문제들을 원만하게 해결할 수 있는 방법을 탐색하도록 내담자를 격려해야 한다.

결론적으로 여성중심치료는 수정된 전통적 치료와 여성운동 발달을 종합한 것으로, 우리 사회의 성차별주의 때문에 야기되는 여성의 정서적인 문제들에 초점을 맞추고, 여성의 성장을 도와 자기인식이 가능한 통합된 인간을 추구하는 것이다.


## 2. 여성중심치료의 역사적 배경

역사적인 관점에서 볼 때, 우리의 문명은 양성(both sexes) 사이의 지배-복종 체계로 이루어져 왔으며, 남성은 성차별적인 가치관, 제도 등으로 여성에 대한 지배체제를 강화시켜 왔다. 이러한 기본 관계는 현대의 급격한 사회 변화, 여성의 교육수준 향상 등으로 점차 변화되기 시작했지만, 뿌리 깊은 가부장적 구조하에서 여성과 남성 사이의 평등주의적 성역할 의식은 일률적으로 발전되고 있지 않다.

특히 사회구조적이고 제도적인 개혁을 통해 여성과 남성의 동등한 관계를 강조하는 여권신장론자들은 아직까지도 우리 사회에서 공공연하게 그리고 암암리에 일어나는 성차별에 대해 많은 비판을 하고 있다. 즉, 남성중심 체제가 만들어 놓은 전통적인 여성다움에 대한 규범은 현대 여성의 역할과 기능을 출산, 육아, 가사노동으로 제한시켰으며, 또한 그 기능을 비생산적이고, 무가치한 것으로 규정하고 있다는 것이다. 여권신장론자들은 이와 함께 여성의 가정적, 사회적, 경제적 지위가 의존적, 예속적으로 되고, 이러한 상황에서 여성은 성차별주의에 대한 비판의식과 과거의 전통적 규범 사이에서 회의와 갈등을 경험함으로써 심리적 적응장애로 고통을 겪는다고 주장하고 있다.

이러한 사회심리적 장애로 남성보다 훨씬 많은 여성이 치료를 받고 있는데, 전통적 심리치료는 여성에 대한 성차별적인 편견을 가지고 여성 내담자를 치료하고 있다. 특히 현대의 정신의학, 심리학뿐만 아니라 사회 각 방면에 영향을 주었던 Freud의 여성에 대한 편견은 여성의 신비를 구체화하고 남성쇼비니즘(male chauvinism)을 정당화시켰으며, 정신과 육체의 분열, 그리고 여성의 성적 측면에 대한 확인되지 않은 신비를 퍼뜨리고, 핵가족의 권위적 위계를 강화지킴으로써 여성의 올바른 이해와 치료에 커다란 저해요인이 되었다. Freud는 여성을 불완전하고 열등한 존재로 보았으며, 이들의 공격성이 내부로 향하기 때문에 수동적, 의존적이며, 남근선망(penis envy)과 같은 남성콤플렉스를 갖는다고 했다. 더군다나 생물학적 결정론을 주장한 그는, 여성의 열등한 지위가 사회적, 문화적 이유라기보다는 생물학적, 해부학적 차이에 기인한다고 보고, 그것이 여성과 남성의 정신적 또는 성격적 차이를 결정한다고 주장했다(김영희, 1985).

　지금까지도 이와 같은 여성에 대한 Freud의 주장은 상당한 영향력을 가지고 있으며, 심리치료의 역사를 살펴볼 때 여권신장론자들의 비판이 있기 전까지는 문제시되지도 않았으며, 그 문제 자체를 인식하지도 못했다. 결국 Freud의 이론들은 대다수의 정신치료자들이 치료에서 여성에 대해 억압적인 정신분석학적 지향을 고수하도록 했으며(Sturdivant, 1980), 또한 치료자와 내담자 사이에 가부장적 형태인 위계적 관계를 맺는 데 영향을 주었다.

　Schlossberg와 Pietrofesa(1973)는 치료자의 성적 편견에 대한 연구 결과에서, 치료자들은 여성 내담자가 전통적으로 남성다운 직업목표를 갖는 것보다는 여성다운 직업목표를 갖는 것을 더 적절한 것으로 평가하고 있으며, 여성 내담자가 자신의 성(sex)과 다른 직업목표를 추구하는 것은 정상에서 벗어난 것으로 보았다. 이와 같은 치료자들의 관념은 무의식적으로 여성 내담자의 잠재가능성을 일축시킬 수 있으며, 치료자들이 정신건강의 이중 규준을 고집한다면 여성은 정신의학적 측면에서 볼 때 심리적으로 손상된 것처럼 보일 것이다. 또한 이러한 치료자들의 견해를 여성 내담자가 내면화한다면 그들은 자신의 여성다운 태도를 평가 절하하고, 열등한 지위를 수용하면서 자신의 잠재력과 성장을 억압시키는 성차별주의에 적응할 것이다.

　여권신장론자들은 과거의 전통적 심리치료는 여성 내담자의 심리적 성장을 도와주기보다는 성역할 고정관념과 가부장적 구조를 영속화시키는 사회적 통제의 수단으로 기능을 수행해 왔으며, 성차별적인 이러한 가치와 구조에 여성이 적응하도록 조정해 왔다고 비난하고 있다. 따라서 전통적 심리치료에 대한 불만은 여권신장론자들로 하여금 여성의 정서적 문제를 치료하는 다른 대안을 찾게 했다. 그 결과 심리적 억압의 희생자인 여성의 성장과 자유를 위한 치료가 요구되었는데, 그것이 바로 혁신적 치료(radical therapy)다. 사회적 변화와 개인의 성장을 위한 혁신적 치료에는 다음과 같은 세 가지 흐름이 있다(Clinebell, 1981).

첫째, 혁신적 치료의 초기 형태의 학자들은 전통적 심리치료에서의 억압적인 제도와 비정치적 신념체제에 도전했다. 둘째, 정신건강 전문직에 종사하는 학자들이 중심이 되었는데, 그들은 개인 또는 집단을 치료할 때의 치료목표는 사회변화에 초점을 맞추어야 한다고 주장했다. 셋째, 치료방법은 이 책에서 중점적으로 다루는 여성중심치료인데, 이는 혁신적인 성장에 가장 많은 영향을 주고 있다.

이 심리치료는 여성에 대해 불공평하고 억압적인 전통적 심리치료에 반감을 갖고 1970년대의 여성운동이 진행되던 중에 발달되었다(Enns, 1987). 그 후 여성중심치료는 심리치료의 이론과 실제에서 본래부터 가졌던 성차별주의에 관한 인식과 왜곡된 개념을 수정했으며, 치료에서 여성의 심리적 장애들을 사회 · 문화적 요인에서 분석함으로써 여성의 심리적 성장뿐만 아니라 사회적 변화를 위해 많은 노력을 기울였다.

# 3. 여성중심치료의 치료방법

## 1) 치료 원리

여성중심치료에서 중요하게 다루어지는 치료 원리를 살펴보면 다음과 같다(김영희, 1985; Clinebell, 1976, 1979; Mander & Rush, 1974).

첫째, 치료에서 여성의 풍부한 내적 잠재력과 힘을 발견함으로써 그들의 능력과 자아가치를 회복시켜 여성의 의식 향상을 치료목표로 하고 있다. 여성은 이러한 의식의 향상 없이 기존의 삶의 방식을 여과없이 선택하므로, 치료에서 여성의 의식을 고취시키는 것은 성장을 위해 노력하는 여성에게 강력하고 자율적인 주체를 갖게 한다.

둘째, 치료에서 여성 스스로가 자신의 능력을 발견하여 자아치료(self-healing)를 하도록 도와주어야 한다. 자아치료는 여성의 진정한 본질을 발견하는 중요한 치료적 도구로 작용하고 있다.

셋째, 치료에서 여성이 자신의 신체에 대한 자각과 능력을 긍정적인 감정으로 인식하도록 해야 한다. 대부분의 여성은 신체적인 힘과 잠재해 있는 쾌락을 인정하지 않으므로, 치료에서 여성이 자신의 배우자와 마찬가지로 성에 대한 쾌락을 얻도록 도와주어야 한다.

넷째, 치료에서 여성이 자신의 욕구를 존중하고 만족스러운 경험을 갖도록 하며, 이러한 감정을 타인과 평등하게 주고받을 수 있도록 도와주어야 한다. 즉,

신뢰를 바탕으로 타인과 자신의 해석과 경험을 투사하지 않는 피드백을 주고받음으로써 친밀한 관계를 맺도록 한다.

다섯째, 치료에서는 가부장적 문화로부터 내면화되었던 많은 분열, 즉 육체, 사고·감정·행위, 합리적·직관적, 과학적·예술적 분열 등을 통합한다. 따라서 치료에서 추구하는 것은 생의 본질적인 통합이므로, 특히 여성중심치료에서는 여성의 생활과 치료경험이 통합되도록 한다.

여섯째, 치료를 통해 여성 내담자로 하여금 사회에서 평가 절하된 위치에서도 적절한 분노를 표현하도록 도와주어야 한다. 여성이 자신의 분노를 억압하고, 자기학대 또는 심리적, 신체적 문제를 일으키는 방법으로 반항하기보다는 이러한 분노가 사회적 현실관계를 변화시키는 데 사용되도록 고무해야 한다.

일곱째, 치료에서 치료자의 엘리트 의식은 내담자와 불평등한 관계를 야기하여 내담자의 자아존중감에 상처를 주므로, 치료자는 성장과 자유를 추구하는 치료자로서의 기능을 수행해야 한다. 특히 치료자의 자유로운 정치적 의식과 치료자와 내담자 사이의 비위계적 관계는 치료에서 결정적 본질이 되고 있으므로, 치료자는 내담자의 성장을 위해 숙련된 안내자이자 조언자가 되어야 한다.


## 2) 치료 과정

여성중심치료는 개인치료와 집단치료 모두 의식 향상(consciousness-raising)에 그 목표를 두고 있는데, 의식향상 집단은 여권 신장에 대한 의식과 원리가 심리치료 과정과 적절하게 결합될 때 여성중심치료 집단으로 될 수 있다.

Kirsh(1974)는 의식향상 집단이 여성중심치료 모델로 제시될 수 있다고 했는데, 그가 설명한 의식향상 집단 과정은 개방(opening up), 공유(sharing), 분석(analyzing), 요약(abstracting)의 4단계로, 그 각각을 살펴보면 다음과 같다.

첫째, 개방 단계에서 각 구성원은 서로를 지지하고, 수용하며, 판단하지 않는 분위기에서 개인적 경험을 여성의 입장에서 이야기하므로 집단의 친밀성과 상호 신뢰가 급격히 발달한다.

둘째, 공유 단계에서는 감정, 욕구, 경험 등과 같은 심오한 표현을 다른 여성과 함께 주고받음으로써 문제점을 서로 공유한다. 자신들의 문제가 개인적인 차원을 넘어 사회문제에 근원을 두고 있다는 사실을 인식함으로써 집단의 응집력은 더 강해진다.

셋째, 분석 단계에서 집단 구성원은 자신들의 문제를 개인적 측면에서 바라보기보다는 사회에서 여성의 평가 절하된 위치에 초점을 맞추어 이를 객관적인 입장에서 이해하고 분석하는데, 이 단계에서 여성 구성원들 간의 개인적 경험이 통합된다.

넷째, 요약 단계에서 집단 구성원은 자신들의 내부에 잠재된 능력에 대해 새로운 통찰을 하며, 여성의 잠재력을 더 완전히 실현하기 위해 그 집단 자체를 사회적 제도를 변화시키기 위한 수단으로 본다.

앞에서 의식향상 집단의 치료 과정을 살펴보았는데, 의식향상 집단은 지도자가 없는 집단으로, 비형식적인 것을 바탕으로 하여 여성의 일반적 경험을 공유하는 능동적 방법을 제시하고 있다.

그다음으로 Charlotte Ellen이 이끄는 의식 향상을 위한 소집단 치료 과정을 살펴보자(Clinebell, 1981). Charlotte Ellen의 집단은 주마다 2시간으로 8번 진행되는데, 매회 치료자 또는 집단 구성원들 간에 제시된 주제, 즉 자아감의 발달, 직업관, 여성과 남성에 대한 문제, 여성의 영적인 측면, 아동에 대한 문제 등에 초점을 맞추고, 주장훈련(assertive training), 생애계획(life planning), 성역할 분석(sex role analysis), 신체 자각 활동(body awareness work) 등과 같은 기법으로 의식 향상을 통한 성장을 경험한다. 이때 집단 구성원은 매회 일지를 쓰거나 자화상을 그리며, 마지막 회기에는 집단 구성원이 경험했던 성장의 기쁨을 함께 나눈 후에 종결을 한다. 의식 향상을 위한 집단치료를 이끌었던 Charlotte Ellen의 보고에 따르면, 집단 구성원은 치료자의 치료보다 상호 간에 더 치료적일 수 있으며, 집단 구성원의 힘, 감정 및 지지가 집단에서 촉진 역할을 했을 때 더 빨리 성장하는데, 치료자는 단지 좀 더 숙련된 중재를 요구할 때 개입한다.

이와 같이 의식향상 집단은 성차별주의로 야기되는 사회적 압력에 희생된 억압받는 개인의 치료와 성장을 위해 중요한 가치를 지니고 있다. 따라서 여성은 의식향상 집단에서 많은 만남을 통해 자신의 분노, 좌절, 열등감 등과 같은 혼란스러운 감정을 표현하고, 공유하고, 정리함으로써 진실한 삶을 새롭게 영위할 수 있다.

## 3) 치료자와 내담자의 관계

여성중심치료는 여성뿐만 아니라 남성의 의식을 고취시켜 개인의 성장을 억압하는 사회적 한계를 변화시키는 데 그 목적이 있다. 이 과정 속에서 여성중심치료자(feminist therapist)는 내담자의 성(sex)에 상관없이 여성과 남성의 동등성을 이해하고, 그들의 문제를 탐색하고, 그 문제의 정당성을 인정해야 하며, 또한 내담자의 개인적 힘(personal power)을 강화시켜 분노를 표현케 하고, 자기양육적인 행동을 고무시켜야 한다. 즉, 치료자 스스로 의식 향상이 되어 있어야 한다 (김영희, 1985; Alyn & Becker, 1984).

그러나 치료자들의 무의식적인 성역할 고정관념은 여성 내담자의 잠재가능성을 억압하며 성장을 방해해 왔다. 전통적 심리치료자들은 대부분의 내담자가 여성임에도 불구하고, 이들을 열등한 존재로 보고 차별적인 대우를 하며 여성 내담자의 능력이 변화되는 것을 억제시켜 왔다. 이에 대해 Lerman(1974)은 치료자는 여권신장 의식을 가진 여성이어야만 한다고 주장했다. 여성중심치료자가 남성일 경우, 그들이 치료자로서 역할을 완전히 수행하는 데는 다음과 같은 두 가지 문제에 직면한다는 것이다. 첫째, 대부분의 남성은 여성과 동등한 관계를 맺는 데 평등한 성역할사회화 과정을 충분히 경험하지 못했다. 즉, 그들에게 여성은 종속적인 집단으로 인식되어 왔다. 따라서 도움을 필요로 하는 여성 내담자와 치료자가 동등한 관계로 치료 과정에서 만난다는 것이 어려운 일이라는 것이다. 둘째, 성차별주의 사회에서의 여성과 남성은 결국 불평등한 관계이므로, 치료 과정에서 치료자와 내담자는 여성 대 여성의 만남이 가장 바람직하다는 것이다. 반면에 온건한 견해를 가진 학자들은 남성 치료자도 전통적 성역할에 대해 자각을 하고, 성차별주의 의식이 그들 안에 내재해 있는가를 점검해 볼 수만 있다면 여성중심치료자가 될 수 있다고 했다. 이러한 주장과 함께 아직도 남성이 여성중심치료자가 될 수 있는지 없는지에 대해서 의견이 양분되고 있다.

그러면 여성중심치료자는 어떤 특징을 갖추어야 하는지를 살펴보자(Clinebell, 1976, 1981; Unger, 1979).

첫째, 여성 내담자는 여성을 평가 절하하는 치료자에게 스스로를 가치 있게 하는 법을 배울 수 없기 때문에 치료자는 여성에게 남성과 동등한 입장에서의 가치를 부여할 수 있어야 한다. 따라서 여성을 아내 역할, 엄마 역할로서만 강조하기보다 내담자 자신의 권리와 주체성에 가치를 두도록 한다.

둘째, 문화적 고정관념이 여성, 남성 치료자 모두에게 무의식적으로 영향을 주고 있다는 것을 항상 인식하고, 내담자와 치료자의 관계에서 책임감을 공유하는 평등주의적 관계를 제시해야 한다.

셋째, 치료자는 방어적이어서는 안 되며, 자만하지 않고, 판단하지 않는 태도를 갖추어야 한다.

넷째, 치료자는 내담자가 자신의 현재, 미래의 모습을 올바로 찾도록 도움을 주어야 하는데, 그러기 위해서는 치료자는 자신의 직분에 대해 기본 철학을 갖고 있어야 한다.

다섯째, 치료자는 내담자로 하여금 자신의 개인적 힘을 탐색하도록 하여 개인적, 사업적, 정치적 관계에서 그 힘을 건설적으로 사용하도록 도와주어야 한다.

여섯째, 치료자는 내담자가 전인(whole person)을 추구하는 개인이 되도록 격려를 아끼지 말아야 한다.

결론적으로 여성중심치료자는 여성과 남성을 동등한 개인으로 인식하고, 잠재능력을 발달시키지 못한 개인을 위해 그들의 잠재력과 정체를 일깨워 주어, 개인적 성장을 이루도록 도와주는 조력자로서의 역할을 해야 한다.

여성중심치료는 치료의 방향을 제시해 주는 가치체계이자 철학이다. 그러므로 여성중심치료는 새로운 기교(new techniques)가 아닌 치료에서의 새로운 태도(attitudes)를 요구하면서 여성과 남성의 정치적, 경제적, 사회적 동등성을 주장한다. 이러한 원리는 여권 신장 운동의 이념으로부터 영향을 받았으며, 전통적 심리치료가 남성중심 모델을 사용하는 것에 대한 반응으로부터 발달되었다.

성차별주의로부터 벗어난 자유의 획득, 여성과 남성의 잠재력 개발과 자아실현은 자신의 정체를 찾는 강력한 힘이 되는데, 이 힘을 확립하도록 도움을 주는 것이 바로 여성중심치료다. 여성중심치료에 참여한 대부분의 내담자는 이것이 전통적 심리치료보다 더 효과적인 치료방법임을 보고하고 있다(Mareck et al., 1979). 여성중심치료에서 가장 중요한 것은 여성과 남성의 의식 향상과 성장이다. 여성중심치료자는 평등, 신뢰 및 사랑을 공유할 수 있는 치료자와 내담자 간의 상호작용을 통해 개인의 정체를 탐구하도록 도와주어야 하며, 모든 남녀에게 동등한 성역할 발달의 포괄적인 개념을 재구조화함으로써 그들의 성장과 발달에 적합한 치료 환경을 제시하고, 여성뿐만 아니라 남성도 자신의 존엄성을 되찾을 수 있도록 많은 노력을 기울여야 한다.

# Chapter 07

# 한국형 성역할정체감 측정도구

## 1. 한국형 성역할 검사

개인의 성역할정체감을 측정하기 위한 한국형 성역할 검사(Korea Sex Role Inventory: KSRI)는 남성성 변인 15문항, 여성성 변인 15문항, 중성성 변인 10문항, 총 40문항으로 구성되어 있다(김영희, 1988). 남성성 변인은 직업활동에서의 업무 수행이나 사회의 지배적 위치에서 활동하기에 적합한 긍정적인 특성들로 규정되어 있다. 여성성 변인은 가정 밖의 역할을 하는 데 적합한 특성이기보다는 가정 내에서 집안일을 하고 주변 사람을 정서적으로 돌보는 데 적합한 특성들이다. 중성성 변인은 남성적 특성, 여성적 특성이라기보다는 양성이 공유하는 인간적인 특성이므로 척도에 포함되지 않는다.

성역할정체감 유형의 분류 방식은 중앙치분리법(median-split method)을 사용했다. 중앙치를 기준으로 남성성 변인의 점수가 높고 여성성 변인의 점수가 낮으면 남성성정체감으로 분류하고, 남성성 변인의 점수가 낮고 여성성 변인의 점수가 높으면 여성성정체감으로, 남성성, 여성성 변인의 점수가 모두 높으면 양성성정체감으로, 남성성, 여성성 변인의 점수가 모두 낮으면 미분화정체감으로 분류한다.

# 한국형 성역할 검사(KSRI)

다음은 개인의 특성을 표현한 문항들입니다. 각 문항을 읽고 지금의 자신과 가장 일치하는 정도를 7점 척도에 ○표 하시오.

| 번호 | 내용 | 전혀 그렇지 않다 | 대체로 그렇지 않다 | 약간 그렇지 않다 | 보통 이다 | 약간 그렇다 | 대체로 그렇다 | 아주 그렇다 |
|---|---|---|---|---|---|---|---|---|
| 1 | 목표를 향해 적극적이다. | 1 | 2 | 3 | 4 | 5 | 6 | 7 |
| 2 | 순종적이다. | 1 | 2 | 3 | 4 | 5 | 6 | 7 |
| 3 | 대화를 많이 한다. | 1 | 2 | 3 | 4 | 5 | 6 | 7 |
| 4 | 운동을 좋아한다. | 1 | 2 | 3 | 4 | 5 | 6 | 7 |
| 5 | 동정심이 있다. | 1 | 2 | 3 | 4 | 5 | 6 | 7 |
| 6 | 권위적이다. | 1 | 2 | 3 | 4 | 5 | 6 | 7 |
| 7 | 자기감정을 호소한다. | 1 | 2 | 3 | 4 | 5 | 6 | 7 |
| 8 | 체면을 중시한다. | 1 | 2 | 3 | 4 | 5 | 6 | 7 |
| 9 | 사회의 중추적인 역할을 수행하려 한다. | 1 | 2 | 3 | 4 | 5 | 6 | 7 |
| 10 | 낭만적인 이야기를 좋아한다. | 1 | 2 | 3 | 4 | 5 | 6 | 7 |
| 11 | 성취욕구가 있다. | 1 | 2 | 3 | 4 | 5 | 6 | 7 |
| 12 | 질투심을 갖는다. | 1 | 2 | 3 | 4 | 5 | 6 | 7 |
| 13 | 근면하다. | 1 | 2 | 3 | 4 | 5 | 6 | 7 |
| 14 | 주도력을 발휘한다. | 1 | 2 | 3 | 4 | 5 | 6 | 7 |
| 15 | 말을 아름답게 표현한다. | 1 | 2 | 3 | 4 | 5 | 6 | 7 |
| 16 | 예절이 바르다. | 1 | 2 | 3 | 4 | 5 | 6 | 7 |
| 17 | 쉽게 운다. | 1 | 2 | 3 | 4 | 5 | 6 | 7 |
| 18 | 감사할 줄 안다. | 1 | 2 | 3 | 4 | 5 | 6 | 7 |
| 19 | 경제적으로 자립할 자신이 있다. | 1 | 2 | 3 | 4 | 5 | 6 | 7 |
| 20 | 지배적이다. | 1 | 2 | 3 | 4 | 5 | 6 | 7 |

| 21 | 자신감에 차 있다. | 1 | 2 | 3 | 4 | 5 | 6 | 7 |
|----|----------------|---|---|---|---|---|---|---|
| 22 | 잔소리가 심하다. | 1 | 2 | 3 | 4 | 5 | 6 | 7 |
| 23 | 명랑하다. | 1 | 2 | 3 | 4 | 5 | 6 | 7 |
| 24 | 통솔력이 있다. | 1 | 2 | 3 | 4 | 5 | 6 | 7 |
| 25 | 타인의 감정에 민감하다. | 1 | 2 | 3 | 4 | 5 | 6 | 7 |
| 26 | 독립적이다. | 1 | 2 | 3 | 4 | 5 | 6 | 7 |
| 27 | 예쁜 물건을 좋아한다. | 1 | 2 | 3 | 4 | 5 | 6 | 7 |
| 28 | 남에게 도움을 준다. | 1 | 2 | 3 | 4 | 5 | 6 | 7 |
| 29 | 체력이 강하다. | 1 | 2 | 3 | 4 | 5 | 6 | 7 |
| 30 | 쉽게 영향을 받는다. | 1 | 2 | 3 | 4 | 5 | 6 | 7 |
| 31 | 칠전팔기의 정신을 갖는다. | 1 | 2 | 3 | 4 | 5 | 6 | 7 |
| 32 | 변덕스럽다. | 1 | 2 | 3 | 4 | 5 | 6 | 7 |
| 33 | 상대방을 용서한다. | 1 | 2 | 3 | 4 | 5 | 6 | 7 |
| 34 | 포부와 야망이 있다. | 1 | 2 | 3 | 4 | 5 | 6 | 7 |
| 35 | 말이 많다. | 1 | 2 | 3 | 4 | 5 | 6 | 7 |
| 36 | 인간애가 있다. | 1 | 2 | 3 | 4 | 5 | 6 | 7 |
| 37 | 의존적이다. | 1 | 2 | 3 | 4 | 5 | 6 | 7 |
| 38 | 웃어른을 섬긴다. | 1 | 2 | 3 | 4 | 5 | 6 | 7 |
| 39 | 활동적이다. | 1 | 2 | 3 | 4 | 5 | 6 | 7 |
| 40 | 애교가 있다. | 1 | 2 | 3 | 4 | 5 | 6 | 7 |

<채점방법>
① 문항번호 1, 4, 6, 9, 11, 14, 19, 20, 21, 24, 26, 29, 31, 34, 39의 점수를 합한 점수가 남성성 점수다.
② 문항번호 2, 5, 7, 10, 12, 15, 17, 22, 25, 27, 30, 32, 35, 37, 40의 점수를 합한 점수가 여성성 점수다.
③ 나머지 문항번호 3, 8, 13, 16, 18, 23, 28, 33, 36, 38의 점수는 계산되지 않는다. 이 문항들은 우리 문화에서 남성적, 여성적 특성이라기보다는 양성이 공유하는 인간적 특성이다.
④ KSRI 점수의 중앙치는 남녀 대학생 878명을 대상으로 한 김영희(1989)의 연구 결과를 기준으로 했다. 남성성 변인의 중앙치는 70, 여성성 변인의 중앙치는 66이다. 그러므로 남성성 점수가 70보다 높고 여성성 점수가 66보다 낮으면 남성성정체감, 남성성 점수가 70보다 낮고, 여성성 점수가 66보다 높으면 여성성정체감, 두 점수가 중앙치보다 모두 높으면 양성성정체감, 두 점수가 중앙치보다 모두 낮으면 미분화정체감이 된다.

# 2. 학령 전 아동을 위한 한국형 성역할 검사

학령 전 아동의 성역할정체감 유형을 측정하기 위한 학령 전 아동의 한국형 성역할 검사(Korea Sex Role Inventory for Preschool Children: KSRI-PSC)는 남성성 변인 7문항, 여성성 변인 7문항, 총 14문항으로 구성되어 있다(김영희, 1995).

KSRI-PSC는 대화 형식으로 된 짧은 문장과 함께 내용의 뜻을 보다 더 분명하게 전달하기 위해 내용과 관련된 총 14장의 그림카드로 구성되어 있다. 그 크기는 21×15cm다. 이 그림카드는 서양화 전공자에게 의뢰했으며, 그려진 모델의 성별에 따라 여아용/남아용 그림카드로 분리하여, 모델의 성별은 다르더라도 얼굴 표정, 몸의 자세, 내용 등을 모두 일치시켰다.

## 학령 전 아동의 한국형 성역할 검사(KSRI-PSC)

### 남아용 KSRI-PSC(14문항)

| 번호 | 내용 | 아주<br>그렇지<br>않다 | 조금<br>그렇지<br>않다 | 보통<br>이다 | 조금<br>그렇다 | 아주<br>그렇다 |
|---|---|---|---|---|---|---|
| 1 | 1등을 하고 싶어 하고 무엇을 하든지 제일 잘하려고 열심히 하니? | 1 | 2 | 3 | 4 | 5 |
| 2 | 초등학교에 들어가 반장이 되면 반장을 잘할 수 있니? | 1 | 2 | 3 | 4 | 5 |
| 3 | 친구들과 함께 공놀이를 할 때 재미있게 놀 수 있도록 앞장서서 대장이 되니? | 1 | 2 | 3 | 4 | 5 |
| 4 | 튼튼한 어린이니? | 1 | 2 | 3 | 4 | 5 |
| 5 | 이다음에 커서 우리나라를 위해 큰일을 할 수 있니? | 1 | 2 | 3 | 4 | 5 |
| 6 | 무엇을 하든지 잘 할 수 있니? | 1 | 2 | 3 | 4 | 5 |
| 7 | 유치원에서 견학을 갔을 때 친구들이 줄을 서지 않으면 앞장서서 줄을 잘 서도록 하니? | 1 | 2 | 3 | 4 | 5 |
| 8 | 예쁜 공주님과 왕자님이 나오는 만화를 좋아하니? | 1 | 2 | 3 | 4 | 5 |
| 9 | 말을 아름답고 예쁘게 하니? | 1 | 2 | 3 | 4 | 5 |
| 10 | 공책이나 옷에 예쁜 그림이 있는 것을 좋아하니? | 1 | 2 | 3 | 4 | 5 |
| 11 | 이 장난감을 가지고 놀다가도 금방 다른 장난감을 가지고 놀고 싶어 하니? | 1 | 2 | 3 | 4 | 5 |
| 12 | 친구들보다 말을 많이 하니? | 1 | 2 | 3 | 4 | 5 |
| 13 | 옷을 입거나, 유치원 가방을 챙길 때 혼자서 하지 못하고 다른 사람이 도와주어야 하니? | 1 | 2 | 3 | 4 | 5 |
| 14 | 좋은 일이 있을 때나(선생님의 칭찬 등), 나쁜 일이 있을 때나(친구와 싸웠을 때), 엄마, 아빠에게 모두 이야기하니? | 1 | 2 | 3 | 4 | 5 |

## | 남성성 척도 (7문항) |

1) 목표를 향해 적극적이다.

– 1등을 하고 싶어 하고 무엇을 하든지 제일 잘하려고 열심히 하니?

2) 사회의 중추적인 역할을 수행하려 한다.

– 초등학교에 들어가 반장이 되면 반장을 잘할 수 있니?

3) 주도력이 있다.

– 친구들과 함께 공놀이를 할 때 재미있게 놀 수 있도록 앞장서서 대장이 되니?

4) 체력이 강하다.

– 튼튼한 어린이니?

5) 포부와 야망이 있다.

– 이다음에 커서 우리나라를 위해 큰일을 할 수 있니?

6) 자신감이 있다.

– 무엇을 하든지 잘할 수 있니?

7) 통솔력이 있다.

– 유치원에서 견학을 갔을 때 친구들이 줄을 서지 않으면 앞장서서 줄을 잘 서도록 하니?

| **여성성 척도 (7문항)** |

8) 낭만적인 이야기를 좋아한다.

– 예쁜 공주님과 왕자님이 나오는 만화를 좋아하니?

9) 말을 아름답게 한다.

– 말을 아름답고 예쁘게 하니?

10) 예쁜 물건을 좋아한다.

– 공책이나 옷에 예쁜 그림이 있는 것을 좋아하니?

11) 변덕스럽다.

– 이 장난감을 가지고 놀다가도 금방 다른 장난감을 가지고 놀고 싶어 하니?

12) 말이 많다.

– 친구들보다 말을 많이 하니?

13) 의존적이다.

– 옷을 입거나, 유치원 가방을 챙길 때 혼자서 하지 못하고 다른 사람이 도와주어야 하니?

14) 자기감정을 호소한다.

– 좋은 일이 있을 때나(선생님의 칭찬 등), 나쁜 일이 있을 때나(친구와 싸웠을 때) 엄마, 아빠에게 모두 이야기하니?

## 여아용 KSRI-PSC (14문항)

| 번호 | 내용 | 아주<br>그렇지<br>않다 | 조금<br>그렇지<br>않다 | 보통<br>이다 | 조금<br>그렇다 | 아주<br>그렇다 |
|---|---|---|---|---|---|---|
| 1 | 1등을 하고 싶어 하고 무엇을 하든지 제일 잘하려고 열심히 하니? | 1 | 2 | 3 | 4 | 5 |
| 2 | 초등학교에 들어가 반장이 되면 반장을 잘할 수 있니? | 1 | 2 | 3 | 4 | 5 |
| 3 | 친구들과 함께 공놀이를 할 때 재미있게 놀 수 있도록 앞장서서 대장이 되니? | 1 | 2 | 3 | 4 | 5 |
| 4 | 튼튼한 어린이니? | 1 | 2 | 3 | 4 | 5 |
| 5 | 이다음에 커서 우리나라를 위해 큰일을 할 수 있니? | 1 | 2 | 3 | 4 | 5 |
| 6 | 무엇을 하든지 잘할 수 있니? | 1 | 2 | 3 | 4 | 5 |
| 7 | 유치원에서 견학을 갔을 때 친구들이 줄을 서지 않으면 앞장서서 줄을 잘 서도록 하니? | 1 | 2 | 3 | 4 | 5 |
| 8 | 예쁜 공주님과 왕자님이 나오는 만화를 좋아하니? | 1 | 2 | 3 | 4 | 5 |
| 9 | 말을 아름답고 예쁘게 하니? | 1 | 2 | 3 | 4 | 5 |
| 10 | 공책이나 옷에 예쁜 그림이 있는 것을 좋아하니? | 1 | 2 | 3 | 4 | 5 |
| 11 | 이 장난감을 가지고 놀다가도 금방 다른 장난감을 가지고 놀고 싶어 하니? | 1 | 2 | 3 | 4 | 5 |
| 12 | 친구들보다 말을 많이 하니? | 1 | 2 | 3 | 4 | 5 |
| 13 | 옷을 입거나, 유치원 가방을 챙길 때 혼자서 하지 못하고 다른 사람이 도와주어야 하니? | 1 | 2 | 3 | 4 | 5 |
| 14 | 좋은 일이 있을 때나(선생님의 칭찬 등), 나쁜 일이 있을 때나 (친구와 싸웠을 때), 엄마, 아빠에게 모두 이야기하니? | 1 | 2 | 3 | 4 | 5 |

## 남성성 척도 (7문항)

1) 목표를 향해 적극적이다.

- 1등을 하고 싶어 하고 무엇을 하든지 제일 잘하려고 열심히 하니?

2) 사회의 중추적인 역할을 수행하려 한다.

- 초등학교에 들어가 반장이 되면 반장을 잘할 수 있니?

3) 주도력이 있다.

– 친구들과 함께 공놀이를 할 때 재미있게 놀 수 있도록 앞장서서 대장이 되니?

4) 체력이 강하다.

– 튼튼한 어린이니?

5) 포부와 야망이 있다.

– 이다음에 커서 우리나라를 위해 큰일을 할 수 있니?

6) 자신감이 있다.

– 무엇을 하든지 잘할 수 있니?

7) 통솔력이 있다.

– 유치원에서 견학을 갔을 때 친구들이 줄을 서지 않으면 앞장서서 줄을 잘 서도록 하니?

| **여성성 척도 (7문항)** |

8) 낭만적인 이야기를 좋아한다.

– 예쁜 공주님과 왕자님이 나오는 만화를 좋아하니?

9) 말을 아름답게 한다.

– 말을 아름답고 예쁘게 하니?

10) 예쁜 물건을 좋아한다.

– 공책이나 옷에 예쁜 그림이 있는 것을 좋아하니?

11) 변덕스럽다.

– 이 장난감을 가지고 놀다가도 금방 다른 장난감을 가지고 놀고 싶어 하니?

12) 말이 많다.

– 친구들보다 말을 많이 하니?

13) 의존적이다.

– 옷을 입거나, 유치원 가방을 챙길 때 혼자서 하지 못하고 다른 사람이 도와주어야 하니?

14) 자기감정을 호소한다.

– 좋은 일이 있을 때나(선생님의 칭찬 등), 나쁜 일이 있을 때나(친구와 싸웠을 때)
  엄마, 아빠에게 모두 이야기하니?

# Chapter 08

# 여성중심치료: 양성평등을 위한 의식향상 집단상담

## 1. 여성을 위한 의식향상 집단상담 프로그램

한국 여성은 남성중심 사회에서의 차별적 사회화에 따라 평가 절하된 여성적 특성을 가짐으로써 자아존중감의 상실, 성공공포, 우울, 무기력, 정신경강의 저해 등의 심리장애를 나타내며 건강한 적응에 어려움을 호소하고 있다.

그러므로 여성의 의식을 변화시켜 전통적인 성역할 고정관념에서 벗어나 자신감을 회복하여 심리적 성장을 도모하는 의식향상 훈련(consciousness-raising training)이 매우 필요하다고 여겨진다.

의식향상 훈련 집단은 성차별주의로 비롯되는 사회적 압력에 희생된 억압받는 여성의 치유와 성장을 위해 중요한 가치를 지니고 있다. 여성은 의식향상 훈련 집단에서 많은 여성들과의 만남을 통해 각자의 분노, 좌절, 열등감 등과 같은 혼란스러운 감정을 표현하고 공유하며 정리함으로써 자신들의 진실한 삶을 영위할 수 있다. 의식 향상의 목표는 '개인적인 것이 곧 정치적인 것이다(The personal is political.).'라는 원리에 입각하여 개인적 경험이 여성 집단의 경험으로 발전되면서 사회의 구조적인 문제까지 분석·논의되어, 결국 정치적 행동의 단계까지 발전하는 것이다.

이 분야에 대한 우리나라에서의 연구 결과를 살펴보면, 정소영(1985)은 의식향상 훈련 집단은 여성의 성별 특성에 영향을 주어 양성성정체감으로 변화시킴으로써 심리적 건강 증진에 유용한 기법이 될 수 있다고 했다. 김은주(1990)도 의식향상 훈련을 통해 여성이 양성성정체감을 지니고 자아존중감이 향상되는 효과를 입증하고 있다. 한정신 등(1993)의 연구에서도 의식향상 집단상담은 여성성정체감의 여성이 남성적 특성인 행위주체성을 개발하여 양성성정체감으로 변화시키는 데 적절한 것으로 나타났으며, 특히 이 집단에 참여한 개인은 여성의 왜곡되고 굴절된 여성상의 실상에 대한 불합리성을 파악하여 여성에 대한 인간적 존엄성을 갖는다고 했다. 김영희(2005)의 연구에서는 교사의 양성성 증진을 위한 의식향상 교육 프로그램의 효과성을 검증했는데, 실험집단의 사전-사후검사 결과 남성성 점수가 유의미하게 증진되었다($P<.01$). 곧 교사가 성역할 고정관념을 지니고 학생을 교육하면 학생들은 많은 가능성을 잃어버리게 되므로, 교사 스스로가 의식 향상이 된 양성성정체감의 개인으로 변화하는 새로운 태도가 요구된다고 했다.

여성의 의식향상을 위한 집단상담은 여성으로 하여금 성차별적 편견으로부터 자유로워지는 평등한 사회화 과정을 경험하게 하여 성평등 의식을 개발하도록 하고 양성성정체감의 개인으로 변화시키는 데 의의를 두고 있다. 여기서 제시하는 집단상담 프로그램은 부모 및 유치원, 초등학교 교사들이 자신의 성역할 고정관념을 탈피하여 남성적 특성을 향상시키기 위해 개발되었던 한정신 등(1993)의 여성의 심리적 건강을 위한 의식향상 훈련 프로그램을 기초로 했다. 교사의 성역할정체감 유형과 양성성 증진을 위한 의식향상 교육 프로그램의 효과에 관한 예비연구에서는(김영희, 2005) 교육대학원의 여성상담 수강자 중 초·중·고등학교 교사 10명의 지원자를 대상으로 의식향상 훈련 1차 예비실험을 하여 프로그램을 수정·보완했으며, 내용 타당도를 위해 집단상담 전문가 2명에게 의뢰하여 검토했다.

의식향상 집단상담 프로그램은 매 회기 120분으로 총 10회기로 구성했다. 프로그램의 내용은 자기 소개(별칭 짓기), 반대의 성 되어 보기, 가정, 경제, 사회, 정치 생활에서의 성차별 현상 탐색, 한국 여성의 의식 향상을 위한 토론, 성별에 따른 직업 선택의 차이점, 자아정체감 발달, 여성다움의 재평가, 성차별적 상황에서의 자기주장 및 분노표현 기술 습득, 이상적인 여성상과 남성상, 변화된 자기 모습 등에 관한 주제를 가지고 자신의 경험을 나누는 것이다.

이 의식향상 집단상담 프로그램에 참여함으로써 기대할 수 있는 효과는 다음과 같다.

첫째, 의식향상 집단상담에서의 경험을 토대로 여성은 자신의 의미와 가치를 재평가하여 긍정적인 정체감을 확립하며, 자신의 자존감과 힘을 회복하여 자율적인 주체가 되도록 한다. 그러므로 이 프로그램에 참여한 개인은 여성의 왜곡되고 굴절된 여성상의 실상, 즉 여성이 받는 성차별 상황, 분노의 억압, 소극적 행동, 권위적 인물에 대한 굴종의 경험 등의 불합리성을 파악하여 여성에 대한 인간적 존엄성을 가진다.

둘째, 여성은 친교적 특성과 행위주체적 특성이 조화롭게 발달된, 심리적으로 건강한 양성성정체감의 개인으로 변화한다. 여성은 집단상담 프로그램의 전 과정을 통해 의식 향상이 되고, 성역할 고정관념에서 벗어나 성역할정체감이 재구성되며, 변화되는 사회적 요구에 융통성 있게 반응할 수 있는 유능한 개인이 될 수 있다. 의식이 향상된 여성은 가정, 학교, 사회 생활로 돌아가, 성차별이 재생산·유지·강화되는 기반을 불식시키는 역할을 수행하며, 사회 각 부분에서 여성과 남성이 평등한 관계를 맺으며 건강한 성장을 함께할 수 있다.

셋째, 여성의 의식이 향상되면서 특히 가정에서의 성차별적 상황을 제거하여 성장하는 자녀에게 평등한 사회화 과정을 경험하게 함으로써, 여아는 여성답게, 남아는 남성답게 키우는 자녀양육에서 벗어나 자녀의 적성, 능력 등을 고려하는 성평등적인 양육으로 변화될 것이다. 따라서 여성의 의식이 개혁됨으로써 21세기의 주역이 될 새 세대의 개인들에게 심리적으로 건강한 친교적 특성과 행위주체적인 특성을 균형 있게 발전시킬 수 있는 성평등적 사회화의 결과를 유도할 수 있도록 한다.

넷째, 의식 개혁으로 건강한 성장을 경험할 때 여성은 정치, 경제, 사회 참여 활동을 보다 적극적으로 실천할 수 있다. 즉, 여성이 성차별적인 억압과 불이익으로부터 벗어나 현대사회에서 남성과 더불어 사회의 각 부문에서 동등한 참여의 기회와 지위를 갖는 것은 여성이 인간으로서의 존엄성을 되찾는 것이라고 볼 수 있다.

이와 같이 여성들의 성장에 새로운 기대와 활력을 줄 수 있는 의식향상 집단상담은 여성에 대한 편견과 차별이 정당화되는 우리나라의 정치적, 사회적 측면을 변화시킬 수 있는 힘을 갖도록 하고, 여성의 자아치유와 심리적 건강을 돕는 새로운 형태의 집단상담 프로그램으로 제시된다.

# 제1회

1. 주제: 의식향상 집단상담에 대한 이해 및 자기 소개

2. 목적
- 의식향상 집단상담의 특성 및 목적을 이해한다.
- 집단 구성원이 신뢰할 수 있는 분위기와 친밀감을 형성한다.

3. 진행 과정
1) 사전검사 실시: 한국형 성역할 검사(KSRI)를 실시한다.
2) 강의: 의식향상 집단상담의 목적, 특성 및 효과, 진행방법 등에 대해 설명한다.
3) 집단 구성원의 소개: 별칭 짓기
① 명찰, 크레파스(매직펜)를 준비한다.
② 둥근 원 모양으로 앉은 후 집단원들은 눈을 감고 자신의 모습을 생각한다.
③ 떠오르는 자신의 모습을 토대로 동물, 꽃, 나무 등의 이름으로 별칭을 짓고, 별칭과 함께 그렇게 지은 이유를 설명한다.

4) 반대의 성 되어 보기: 나는 남자/여자

① 반대의 성이 되어 본 후 남자/여자가 되었을 때의 활동을 경험한다.

 **몸 의식하기**

눈을 감으시기 바랍니다. 자신의 몸을 의식하시기 바랍니다. 불편하거나 긴장된 부분을 주목하시기 바랍니다. 좀 더 편해지기 위해 필요하다면 몸을 움직여 보세요. 이제 다시 자신의 몸을 의식하세요. 자신의 모든 근육을 발가락부터 머리끝까지 팽팽하게 당겨 보세요. 눈, 입, 어깨, 다리, 발 모두에 힘을 주어 보세요. 잠시 그대로 멈추시기 바랍니다. 이제 풀어 주세요. 이전의 과정을 다시 해봅시다. 자신의 호흡을 의식하세요. 들어가고 나오는 공기를 느껴 보세요. 그 공기가 흘러가는 대로 따라가 보세요. 약간 얕은 호흡을 해 보세요. 될 수 있는 대로 호흡을 깊이 하시기 바랍니다. 이와 같은 두 가지 방식의 호흡에서 얻은 느낌이 어떻게 다른지를 인지해 보세요. 이제 자신에게 편안하고 긴장이 풀리는 호흡을 해 보세요.

 **남녀의 역할 바꾸어 보기**

눈을 감은 채로 당신의 몸을 의식하시기 바랍니다. 느낌이 어떻습니까? 자신의 몸 가운데서 어느 부분을 좋아하십니까? 어느 부분을 좋아하지 않으십니까? 이 순간 자신의 몸에 대한 감정을 의식하세요. 자, 눈을 감은 채로 밤에 침실에 있는 자신을 떠올려 보시기 바랍니다. 자신이 평상시 하던 대로 잠을 잘 준비를 하세요. 당신은 실제로 잠자리에 들었습니다. 어둡습니다. 졸음이 옵니다. 잠에

빠집니다. 밤이 지났습니다. 아침이 오고 있습니다. 오늘 아침 당신이 잠에서 깨어 나기 시작할 때 달라진 것이 있다는 것을 알게 되었습니다. 잠에서 완전히 깨어 났을 때 당신은 여전히 당신입니다. 그러나 당신의 몸은 다른 성의 몸이 되었습니다. 이제 남자(여자)의 몸을 가진 것입니다. 자신의 새로운 몸에 대한 느낌이 어떤지 의식하시기 바랍니다. 이제 자리에서 일어나 거울로 갑니다. 아무것도 걸치지 않은 자신의 모습을 봅니다. 새로운 몸에 대한 당신의 감정은 어떻습니까? 이제 당신은 하루를 시작하기 위해 평상시 아침에 늘 하던 대로 행동을 합니다. 옷을 입습니다. 그 밖에 자신이 보통 때 하던 대로 행동하세요. 지금부터 여러분에게 60초의 시간을 줄 것입니다. 60초 동안에 자신의 변화된 하루를 만들어 보시기 바랍니다……

당신은 여전히 그 사람입니다. 당신은 평상시 하던 대로 행동할 것입니다. 그러나 이성의 몸을 가지고 있습니다. 하루를 보내면서 자신의 새로운 몸을 가지고 느꼈던 것을 의식하세요. 당신이 어떻게 행동하는지를, 그리고 당신이 하루를 생활하면서 느꼈던 모든 감정을 의식하시기 바랍니다. (진행자는 약 60초 동안 기다린다.)

자, 이제 당신의 하루를 마감하시기 바랍니다. 다시 밤입니다. 당신은 침실로 돌아옵니다. 잠자리에 들 준비를 합니다. 잠자리에 들어갑니다. 어둡습니다. 졸음이 옵니다. 잠이 들었습니다. 그 밤이 지나고 있습니다. 아침이 오고 있습니다. 당신은 잠에서 깨어나고 있습니다. 잠에서 깨어나자 당신은 다시 자신의 몸이 원래대로 돌아왔다는 것을 발견합니다. 자신의 몸을 다시 가진 것에 대한 당신의 감정을 의식하시기 바랍니다. 이제 우리가 집단상담을 하고 있는 이 방으로 다시 돌아옵니다. 눈을 뜨시기 바랍니다.

② 남녀의 역할을 바꾸어 본 경험에 대한 느낌을 서로 나눈다.

_____

_____

_____

_____

_____

_____

③ 프로그램 진행자는 구성원이 발표한 여러 가지 활동 및 일 등을 여성과 남성이 똑같이 할 수 있다는 점과 성별에 상관없이 각 개인의 능력을 개발해야 한다는 것을 강조한다.

5) 시를 통한 마음 나누기

시를 감상한 후 느낀 마음과 이 시와 관련한 자신의 경험을 서로 나눈다.

〈꽃을 보려고〉

_____

_____

_____

_____

_____

_____

〈머금다〉

_____

_____

_____

_____

_____

_____

6) 정리: 전체적으로 느낀 점과 얻은 점

_____

_____

_____

_____

_____

7) 과제

- 매회 프로그램 과정에서 느낀 점과 얻은 점 등을 개인일지에 기록한다.
- 가정, 학교, 경제, 정치, 사회 생활에서 경험하는 성역할 고정관념 및 성
  차별 현상을 조사한다.

꽃을 보려고

정 호 승

꽃씨 속에 숨어 있는
꽃을 보려고
고요히 눈이 녹기를 기다립니다.

꽃씨 속에 숨어 있는
잎을 보려고
흙의 가슴이 따뜻해지기를 기다립니다.

꽃씨 속에 숨어 있는
엄마를 만나려고
내가 먼저 들에 나가 봄이 됩니다.

# 머 금 다

천 양 희

거위눈별 물기 머금으니 비 오겠다
충동벌새 꿀 머금으니 꽃가루 옮기겠다
그늘나비 그늘 머금으니 어두워지겠다
구름비나무 비구름 머금으니 장마지겠다
청미덩굴 서리 머금으니 붉은 열매 열겠다

사랑을 머금은 자
이 봄, 몸이 마르겠다

## 제2회

1. 주제: 가정, 학교, 경제, 정치, 사회 생활을 중심으로 한 성역할 고정관념 및 성차별 현상 탐색

2. 목적: 가정, 학교, 경제, 정치, 사회 생활에서 나타나는 성역할 고정관념과 성차별 현상을 규명해 봄으로써 현재의 사회구조 속에서 여성의 지위를 인식한다.

3. 진행 과정
   1) 지난주 모임에 대한 회상
   2) 가정, 학교, 경제, 정치, 사회 생활에서 경험하는 성역할 고정관념, 성차별 현상에 관해 발표한다.
   3) 왜 여성이 평가 절하된 집단으로 취급되고, 이 현상이 어떻게 유지되고 강화되어 왔는지, 그리고 여성의 지위는 어떻게 변화되어야 하는가에 대한 방안을 제시해 본다.

---

---

---

---

4) 시를 통한 마음 나누기

   시를 감상한 후 느낀 마음과 이 시와 관련한 자신의 경험을 서로 나눈다.

 

5) 정리: 전체적으로 느낀 점과 얻은 점

# 산 속의 달빛맞이

김 해 성

깊은 산 속
사슴을 찾아
나 홀로 가는데

인적 끊긴 지
이미 오래인데
산수유꽃은 피었다.

깊은 산 속
허술한 초가에
봄철이 찾아 왔는데

저, 밝은 달빛
산짐승을 찾으면
산새 우는 소리가 있었다.

깊은 산 속
냇가에 핀
꽃의 웃음이 있는데

이, 밤 깊어 가면
내사 홀로 서서
달빛을 맞이한다.

제3회

1. 주제: 여성의 의식 향상을 위한 토론

2. 목적
  • 한국 여성의 의식 수준을 재평가해 본다.
  • '여성＝가사활동, 남성＝공적 활동'이라는 고정관념에서 벗어나 여성의
    의식 향상을 통해 적극적인 사회 참여를 확대한다.

3. 진행 과정
  1) 지난주 모임에 대한 회상
  2) 토론: 한국 여성의 어제와 오늘 그리고 미래

_____

_____

_____

_____

_____

_____

_____

_____

3) 시를 통한 마음 나누기

시를 감상한 후 느낀 마음과 이 시와 관련한 자신의 경험을 서로 나눈다.

4) 정리: 전체적으로 느낀 점과 얻은 점

# 엄마의 꽃씨

이 해 인

엄마가 꽃씨를 받아
하얀 봉투에 넣어
편지 대신 보내던 날
이미 나의 마음엔
꽃밭 하나가 생겼습니다

흙 속에 꽃씨를 묻고
나의 기다림도 익어서 터질 무렵
마침내 나의 뜨락엔
환한 얼굴들이 웃으며
나를 불러 세웠습니다

연분홍 접시꽃
진분홍 분꽃
빨간 봉숭아꽃
꽃들은 저마다
할 이야기가 많은 듯했습니다.
사람들은 왜 그리 바삐 사느냐고
핀잔을 주는 것 같았습니다

엄마가 보내 준
꽃씨에서 탄생한 꽃들이 질 무렵
나는 다시 꽃씨를 받아
벗들에게 선물로 주겠습니다

꽃씨의 돌고 도는 여행처럼
사랑 또한 돌고 도는 것임을
엄마의 마음으로 알아듣고
꽃물이 든 기도를 바치면서
한 그루 꽃나무가 되겠습니다

## 제4회

1. 주제: 성별에 다른 직업 선택(여성과 남성 대통령)

2. 목적
   - 직업여성의 성역할 고정관념을 알아보고 남녀 모두 자신의 적성, 능력에 따라 직업 선택을 할 수 있음을 인식한다.
   - '남성＝정치' 라는 고정관념에서 벗어나 자신의 정치의식수준을 향상시킨다.

3. 진행 과정
   1) 지난주 모임에 대한 회상
   2) 남성의 일, 여성의 일을 구분해 본다.
      ① 남성의 일/여성의 일

      _____

      _____

      _____

      _____

      ② 일은 성별에 따라 다르게 선택하는 것이 아니라 자신의 적성, 능력에 맞게 선택한다는 것을 깨닫는다.

3) 여성 대통령, 남성 대통령이 갖추어야 할 성격, 특징, 태도(자질) 등에 관해 발표한다.

　① 여성 대통령, 남성 대통령이 갖추어야 할 성격, 특징, 태도(자질)

_____

_____

_____


　② 남성과 여성 모두 대통령이 될 수 있고, 여성 대통령도 남성 대통령과 똑같은 일을 할 수 있음을 인지한다.

4) 시를 통한 마음 나누기

　시를 감상한 후 느낀 마음과 이 시와 관련한 자신의 경험을 서로 나눈다.

_____

_____

_____


5) 정리: 전체적으로 느낀 점과 얻은 점

_____

_____

_____

## 장독대에서

이 해 인

움직이지 않고서도
노래를 멈추지 않는
우리집 항아리들

우리와 함께
바다를 내다보고
종소리를 들으며
삶의 시를 쓰는 항아리들

간장을 뜨면서
침묵의 세월이 키워준
겸손을 배우고

고추장을 뜨면서
맵게 깨어 있는 지혜와
기쁨을 배우고

된장을 뜨면서
냄새 나는 기다림 속에
잘 익은 평화를 배우네

마음이 무겁고
삶이 아프거든
우리집 장독대로
오실래요?

## 제5회

**1. 주제: 나는 누구인가 ( I )**

**2. 목적**

- 자기를 정확하게 이해하고 수용하여, 자신에 대한 통찰력을 갖는다.
- 여성으로서 자신의 의미와 가치를 자각하여 긍정적 정체감을 확립한다.

**3. 진행 과정**

1) 지난주 모임에 대한 회상

2) '나는 누구인가(인간으로서의 나)'라는 주제로 발표한다.




3) 여성이기 때문에 받은 득과 실에 대해 연대별로 기록한 뒤, 그것이 나의 성장에 영향(긍정적/부정적)을 준 부분에 대해 발표한다.

4) 시를 통한 마음 나누기

시를 감상한 후 느낀 마음과 이 시와 관련한 자신의 경험을 서로 나눈다.

_____

_____

_____

_____

5) 정리: 전체적으로 느낀 점과 얻은 점

_____

_____

_____

_____

6) 과제: 한 여성과 남성을 선택하여 그녀/그의 성장 과정 중에 성차별을 받
은 경험이 있는지, 그런 경험이 있다면 어떻게 차별을 받고 그녀/그의 삶
에 어떤 영향을 주었는지를 인터뷰한다.

_____

_____

_____

_____

# 작은 기쁨

사랑의 먼 길을 가려면
작은 기쁨들과 친해야 하네

아침에 눈을 뜨면
작은 기쁨을 부르고
밤에 눈을 감으며
작은 기쁨을 부르고

자꾸만 부르다 보니
작은 기쁨들은

이제 큰 빛이 되어
나의 내면을 밝히고
커다란 강물이 되어
내 혼을 적시네

내 일생 동안
작은 기쁨이 지어준
비단 옷을 차려입고
어디든지 가고 싶어
누구라도 만나고 싶어

고맙다고 말하면서
즐겁다고 말하면서
자꾸만 웃어야지

## 제6회

**1. 주제:** 나는 누구인가 (II)

**2. 목적:** 여성으로서의 자신의 의미와 가치를 자각하여 건전한 자기긍정과 자신감을 확립한다.

**3. 진행 과정**

    1) 지난주 모임에 대한 회상

    2) 과제 발표

    3) 자랑하기: 집단 구성원 앞에서 자신의 좋은 점들을 발표한다.

    4) 나의 여성다운 강점을 확인해 보기: 나의 여성다움이 주는 강점들을 재평가한다.

5) 시를 통한 마음 나누기

시를 감상한 후 느낀 마음과 이 시와 관련한 자신의 경험을 서로 나눈다.

〈애기 엄마 되던 날〉

_____

_____

_____

_____

〈젖 먹이는 순간마다〉

_____

_____

_____

_____

〈쌀이 울 때〉

_____

_____

_____

_____

〈여자는 나이와 함께 아름다워진다〉

_____

_____

_____

_____

6) 정리: 전체적으로 느낀 점과 얻은 점

_____

_____

_____

_____

_____

_____

_____

_____

_____

_____

_____

_____

# 애기 엄마 되던 날

김 영 춘

애기 엄마 되던 날
난 엄마가 보고팠다

남편의 따스한 손
이마의 땀 닦아주어도
먼 곳의 엄마 손이 그리웠다
어릴 적 내 뺨도 때리던 손이지만
그 거칠거칠한 손이 그리웠다

애기 엄마 되던 날
난 엄마가 생각났다

시어머님의 다정한 목소리
조용조용 아픔을 씻어주어도
먼 고향집 엄마 말소리 듣고팠다

– 춘아, 조금만 더 힘내
엄마 될 애가 울기는…

애기 엄마 되던 날
난 엄마가 너무너무 그리웠다

엄마의 포근한 숨소리가 그리웠다
엄마의 맑은 눈물이 그리웠다
맨 딸만 키우느라 고생 많던 엄마
외손주 안고 하늘만큼 기뻐할 모습 보고팠다

# 젖 먹이는 순간마다

김 영 춘

젖 먹이는 순간마다
나는 물이 된다

주고 주어도
더 주고만 싶은
샘터가 된다

하얀 사랑샘에 매달려
눈 한 번 안 깜박이고
쉼 없이 젖 빠는 아가는
풀이 되고 별이 되고 사슴이 되여
작은 나와 큰 세상을 이어준다

엄마 되는 길이란
내가 여위어지고
아기가 커 가는
아프면서 예쁜 여행인 줄
젖 먹이는 순간마다
조용히 행복하게 느낀다

# 쌀이 울 때

고 영 민

마른 저녁길을 걸어와
천천히 옷 벗어 벽에 걸어두고
쌀통에서
한줌,
꼭 혼자 먹을 만큼의
쌀을 퍼
물에 담가놓으면
아느작, 아느작
쌀이 물 먹는 소리

어머니는 그 소리를 쌀이 운다고 했다

# 여자는 나이와 함께 아름다워진다

신 달 자

지금 어렵다고 해서
오늘 알지 못한다고 해서
주눅들 필요는 없다는 것

그리고
기다림 뒤에 알게 되는 일상의 풍요가
진정한 기쁨을
가져다 준다는 것을 깨닫곤 한다

다른 사람의 속도에
신경쓰지 말자
중요한 건
내가 지금 확실한 목표를 가지고
내가 가진 능력을 잘 나누어서
알맞은 속도로
가고 있는 것이다

나는 아직도 여자이고
아직도 아름다울 수 있고
아직도
내일에 대해 탐구해야만 하는
나이에 있다고 생각한다

그렇다
나는 아직도 모든 것에 초보자다
그래서 나는 모든 일을 익히고
사랑하지 않으면 안된다고
생각하고 있는 것이다

나는
현재의 내 나이를 사랑한다
인생의 어둠과 빛이 녹아들어
내 나이의 빛깔로 떠오르는
내 나이를 사랑한다

## 제7회

1. 주제: 자기표현하기

2. 목적: 자기표현 행동을 학습하여 성차별적 상황에서 발생하는 부정적 감정
   을 감소시켜 자아가치를 확립한다.

3. 진행 과정
   1) 지난주 모임에 대한 회상
   2) 강의: 자기표현행동의 개념과 소극적, 자기표현적, 공격적 행동의 차이
      를 설명한다.

| 구 분 | 소극적 행동 | 자기표현적 행동 | 공격적 행동 |
|---|---|---|---|
| 특징 | 자신의 욕구, 권리를 표현하지 못함 | 자신의 욕구, 권리 표현 | 타인을 희생하여 욕구, 권리 표현 |
| | 정서적으로 정직하지 못하고 간접적으로 표현 | 정서적으로 정직하고 직접적 표현 | 정서적으로 정직하지만 누군가를 희생하도록 표현 |
| | 자기부정적 | 자기향상적 | 자기향상적 |
| | 타인에게 인간적 권리를 침해하도록 허용 | 인간적 권리를 유지하지만 타인의 권리를 침해하지 않음 | 부적절한 적의의 과잉반응 및 타인을 멸시하거나 창피를 줌 |
| 행동을 하고 자신이 느끼는 감정 | 불안, 자기에 대한 실망과 뒤늦은 분노 | 좋은 감정, 확신감 | 당당한 우월감, 분노, 죄의식 |
| 타인이 느끼는 감정 | 안달, 초조, 동정, 연민, 넌더리 | 존경 | 분노, 원한, 복수심 |
| 결과 | 목표 성취 못함 | 목표 성취 | 타인을 희생하여 목표 성취 |

## 3) 자기표현적, 공격적, 소극적 행동에 대한 변별검사(하영석 외, 1983)

아래의 상황에서 다음과 같이 반응했을 때 상대방의 반응, 자신의 반응, 그리고 상대방과 자신에게 어떤 결과를 초래할지를 상상해 보고 자기표현적이면 (+), 공격적이면 (-), 소극적이면 (N)을 표시하시오.

| 번호 | 상황 | 반응 | (+) (-) (N) |
|---|---|---|---|
| 1 | 학교 도서관에서 당신에게 연락이 왔는데 빌려 간 적도 없는 책을 반납하라고 한다. 그때 당신은? | "무슨 소리를 하고 있죠? 당신은 기록을 좀 똑바로 해 둬야겠어요. 내가 빌려 간 적도 없는데 그걸 어떻게 반납하라는 말이에요?" | ( ) ( ) ( ) |
| 2 | 부모가 자녀에게 방을 치우지 않았다고 꾸지람을 하고 있다. 그때 당신은? | "너희들 하여간에 형편없구나. 애비 노릇이 이렇게 힘들 줄 알았다면 자식새끼는 절대로 안 낳았을 것이다." | ( ) ( ) ( ) |
| 3 | 아내가 말을 하지 않고 침묵만 지키고 있다. 그때 당신은? | "또 묵비권이야? 말 한 번 뱉어 내면 누가 죽나?" | ( ) ( ) ( ) |
| 4 | 남편이 당신 친구 앞에서 당신의 외모를 헐뜯었다. 그때 당신은? | "당신이 친구 앞에서 내 외모를 헐뜯으면 정말 나는 속이 상해요. 할 말이 있거든 제발 내가 외출하기 전에 집에서 얘기해 주세요." | ( ) ( ) ( ) |
| 5 | 방학 때 같이 여행하기로 한 친구가 돌연히 계획을 변경하겠다고 한다. 그때 당신은? | (곤란하면서도) "네가 그렇다면 할 수 없지, 뭐." | ( ) ( ) ( ) |
| 6 | 친구가 항상 외출복을 빌려 가는데 지난번엔 옷에 담배 구멍을 뚫어 놨다. 또다시 옷을 빌려 달라고 한다. 그때 당신은? | "미안하지만 이제 외출복은 더 이상 안 되겠어. 지난번에 네가 담배 구멍을 낸 채 돌려주었더군." | ( ) ( ) ( ) |
| 7 | 방을 같이 쓰는 형제나 친구가 습관적으로 방을 어질러 놓는다. 그때 당신은? | "너는 언제나 어지르기만 해! 그러니까 우리 방이 이 모양이지." | ( ) ( ) ( ) |
| 8 | 적은 돈을 항상 빌려 가고 갚지 않는 친구가 또 얼마의 돈을 빌려 달라고 한다. 그때 당신은? | "오늘 점심 사 먹을 돈밖에 없는데……." | ( ) ( ) ( ) |

| | | | |
|---|---|---|---|
| 9 | 어느 동아리의 부장이 되어 달라는 요청을 받았다. 그때 당신은? | "정말 미안해. 그 부장을 할 여유가 없어 못 하겠어." | ( )( )( ) |
| 10 | 상사가 방금 당신이 한 일로 꾸짖었다. 그때 당신은? | "당신 말씀도 어느 정도 옳다고 생각합니다. 그러나 제 단점을 말할 때 인신공격은 삼갔으면 합니다." | ( )( )( ) |

1: (−), 2: (−), 3: (−), 4: (+), 5: (N), 6: (+), 7: (−), 8: (N), 9: (+), 10: (+)

4) 자기표현을 하는 데 장애가 되는 원인을 분석한다.

 

5) 시를 통한 마음 나누기

시를 감상한 후 느낀 마음과 이 시와 관련한 자신의 경험을 서로 나눈다.

〈국화 옆에서〉

〈그 여자네 집〉

_____

_____

_____

_____

_____

6) 정리: 전체적으로 느낀 점과 얻은 점

_____

_____

_____

_____

_____

7) 과제: 자신의 가족 구성원에게 요청, 거절, 칭찬을 표현할 상황에서 자기
   표현행동을 경험해 본다.

_____

_____

_____

_____

_____

# 국화 옆에서

서 정 주

한 송이 국화꽃을 피우기 위해
봄부터 소쩍새는
그렇게 울었나보다

한 송이 국화꽃을 피우기 위해
천둥은 먹구름 속에서
또 그렇게 울었나보다

그립고 아쉬움에 가슴 조이던
머언 먼 젊음의 뒤안길에서
인제는 돌아와 거울 앞에선
내 누님같이 생긴 꽃이여

노오란 네 꽃잎이 피려고
간밤엔 무서리가 저리 내리고
내게는 잠도 오지 않았나보다

## 그 여자네 집

김 용 택

가을이면 은행나무 은행잎이 노랗게 물드는 집
해가 저무는 날 먼데서도 내 눈에 가장 먼저 뜨이는 집
생각하면 그리웁고
바라보면 정다웠던 집
어디 갔다가 늦게 집에 가는 밤이면
불빛이, 따뜻한 불빛이 검은 산속에 깜박깜박 살아 있는  집
그 불빛 아래 앉아 수를 놓으며 앉아 있을
그 여자의 까만 머릿결과 어깨를 생각만 해도
손길이 따뜻해져오는 집

살구꽃이 피는 집
봄이면 살구꽃이 하얗게 피었다가
꽃잎이 하얗게 담 너머까지 날리는 집
살구꽃 떨어지는 살구나무 아래로
물을 길어오는 살구나무 아래로
물을 길어오는 그 여자 물동이 속에
꽃잎이 떨어지면 꽃잎이 일으킨 물결처럼 가닿고
싶은 집
샛노란 은행잎이 지고 나면
그 여자
아버지와 그 여자

큰오빠가
지붕에 올라가
하루 종일 노랗게 지붕을 이는 집
노란 초가집

어쩌다가 열린 대문 사이로 그 여자네 집 마당이 보이고
그 여자가 마당을 왔다갔다하며
무슨 일이 있는지 무슨 말인가 잘 알아들을 수 없는 말 소리와
옷자락이 대문 틈으로 언뜻언뜻 보이면
그 마당에 들어가서 나도 그 일에 참견하고 싶었던 집

마당에 햇살이 노란 집
저녁 연기가 곧게 올라가는 집
뒤안에 감이 붉게 익는 집
참새떼가 지저귀는 집
보리타작, 콩타작 도리깨가 지붕 위로 보이는 집
눈 오는 집
아침 눈이 하얗게 처마끝을 지나
마당에 내리고
그 여자가 몸을 웅숭그리고
아직 쓸지 않은 마당을 지나
뒤안으로 김치를 내려 가다가 "하따, 눈이 참말로 이쁘게도 온다이이" 하며
눈이 가득 내리는 하늘을 바라보다가
싱그러운 이마와 검은 속눈썹에 걸린 눈을 털며
김칫독을 열 때
하얀 눈송이들이 어두운 김칫독 안으로

하얗게 내리는 집

김칫독에 엎드린 그 여자의 등에

하얀 눈송이들이 하얗게 하얗게 내리는 집

내가 함박눈이 되어 내리고 싶은 집

밤을 새워, 몇밤을 새워 눈이 내리고

아무도 오가는 이 없는 늦은 밤

그 여자의 방에서만 따뜻한 불빛이 새어나오면

발자국을 숨기며 그 여자네 집 마당을 지나 그 여자의

방 앞

뜰방에 서서 그 여자의 눈 맞은 신을 보며

머리에, 어깨에 쌓인 눈을 털고

가만가만 내리는 눈송이들도 들리지 않는 목소리로

가만 가만히 그 여자를 부르고 싶은 집

그

여

자

네 집


어느 날인가

그 어느 날인가 못밥을 머리에 이고 가다가 나와 딱 마주쳤을 때

"어머나" 깜짝 놀라며 뚝 멈추어 서서 두 눈을 똥그랗게 뜨고

나를 쳐다보며 반가움을 하나도 감추지 않고

환하게, 들판에 고봉으로 담아놓은 쌀밥같이,

화아안하게 하얀 이를 다 드러내며 웃던 그

여자 함박꽃 같던 그

여자

그 여자가 꽃 같은 열아홉살까지 살던 집
우리 동네 바로 윗동네 가운데 고샅 첫집
내가 밖에서 집으로 갈 때
차에서 내리면 제일 먼저 눈길이 가는 집
그 집 앞을 다 지나도록 그 여자 모습이 보이지
　　않으면
저절로 발걸음이 느려지는 그 여자네 집
지금은 아, 지금은 이 세상에 없는 집
내 마음속에 지어진 집
눈 감으면 살구꽃이 바람에 하얗게 날리는 집
눈 내리고, 아, 눈이, 살구나무 실가지 사이로
목화송이 같은 눈이 사흘이나

내리던 집
그 여자네 집
언제나 그 어느 때나 내 마음이 먼저
가
있던 집

그
여자네
집
생각하면, 생각하면 생. 각. 을. 하. 면……

# 제8회

1. 주제: 분노를 적절하게 표현하기 ( I )

2. 목적: 성차별적 상황에서 느껴지는 분노를 인내하고 억압하기보다는 긍정
   적으로 표현하여 정신건강을 도모한다.

3. 진행 과정

   1) 지난주 모임에 대한 회상

   2) 과제 발표

   3) 성차별적 상황에서 느꼈던 분노경험을 서로 나눈다.

      ① 나를 분노하게 하는 상황

      _____

      _____

      _____

      _____

      _____

      _____

      _____

      _____

② 분노가 일어날 때 나의 몸에 일어나는 신체적 변화

\
\
\
\

③ 분노 상황에서 내가 보이는 행동

\
\
\
\

④ 나의 행동에 대한 상대방의 반응

\
\
\
\

⑤ 그 상황에서 분노를 다스리기 어려웠던 이유

_____

_____

_____

_____

_____

⑥ 분노의 적절한 표현 방식

_____

_____

_____

_____

_____

⑦ 분노경험을 나눈 후의 느낀 점과 얻은 점

_____

_____

_____

_____

_____

4) 시를 통한 마음 나누기

시를 감상한 후 느낀 마음과 이 시와 관련한 자신의 경험을 서로 나눈다.

5) 정리: 전체적으로 느낀 점과 얻은 점

6) 과제: 자신의 가족 구성원에게 분노를 표현할 상황에서 적절히 분노를 표
현해 보기

# 이름 없는 여인이 되어

노 천 명

어느 조그만 산골로 들어가
나는 이름 없는 여인이 되고 싶소
초가 지붕에 박넝쿨 올리고
삼밭엔 오이랑 호박을 놓고
들장미로 울타리를 엮어
마당엔 하늘을 욕심껏 들여놓고
밤이면 실컷 별을 안고
부엉이가 우는 밤도 내가 외롭지 않겠소

기차가 지나가 버리는 마을
놋양푼에 수수엿을 녹여 먹으며
내 좋은 사람과 밤이 늦도록
여우 나는 산골 얘기를 하면
삽살개는 달을 짖고
나는 여왕보다 더 행복하겠소

## 제9회

1. 주제: 분노를 적절하게 표현하기 (Ⅱ)

2. 목적: 성차별적 상황에서 느껴지는 분노를 인내하고 억압하기보다는 긍정
   적으로 표현하여 정신건강을 도모한다.

3. 진행 과정
   1) 지난주 모임에 대한 회상
   2) 과제 발표
   3) 나를 분노하게 했던 상황에 대한 분석

| 종류 | 분노 내용 | 상대방의 잘못 | 나의 잘못 | 적절한 표현 |
|---|---|---|---|---|
| 가정 | | | | |
| 직장<br>(학교) | | | | |
| 친구관계 | | | | |

4) 분노를 적절하게 표현하는 역할놀이

　① 나는 _____ 할 때 매우 화가 난다(성차별 상황에 초점).

_____

_____

_____

_____

　② 짝은 상대방의 분노감정을 수용하고 공감해 준다.

_____

_____

_____

_____

　③ 서로 역할을 바꾼다.

_____

_____

_____

_____

5) 시를 통한 마음 나누기

   시를 감상한 후 느낀 마음과 이 시와 관련한 자신의 경험을 서로 나눈다.

_____

_____

_____

_____

6) 정리: 전체적으로 느낀 점과 얻은 점

_____

_____

_____

_____

7) 과제: 분노를 표현할 상황에서 적절하게 분노 표현해 보기

_____

_____

_____

_____

# 사랑하는 별 하나

이 성 선

나도 별과 같은 사람이
될 수 있을까
외로워 쳐다보면
눈 마주쳐 마음 비쳐 주는
그럼 사람이 될 수 있을까

나도 꽃이 될 수 있을까
세상일이 괴로워 쓸쓸히 밖으로 나서는 날에
가슴에 화안히 안기어
눈물짓듯 웃어 주는
하얀 들꽃이 될 수 있을까

가슴에 사랑하는 별 하나를 갖고 싶다
외로울 때 부르면 다가오는
별 하나를 갖고 싶다

마음 어두운 밤 깊을수록
우러러 쳐다보면
반짝이는 그 맑은 눈빛으로 나를 씻어
길을 비추어 주는
그런 사람 하나 갖고 싶다

# 제10회

1. 주제: 변화된 자기표현

2. 목적: 의식향상 집단상담 프로그램을 통해 의식이 향상된 자신의 성숙한 모습을 발견한다.

3. 진행 과정

   1) 지난주 모임에 대한 회상

   2) 과제 발표

   3) 이상적인 여성상과 남성상에 관해 발표하기: 눈을 감고 이상적인 여성과 남성을 떠올려 본 후 그 구체적인 특성을 발표한다.

   4) 시를 통한 마음 나누기

   시를 감상한 후 느낀 마음과 이 시와 관련한 자신의 경험을 서로 나눈다.

# 이 나이가 되고 보니

권 영 은

이 나이가 되고 보니
겨울의 따스함을 알게 되었습니다.
앙상한 겨울나무의 겸손함을 배울 수 있게 되었습니다.
현악기의 애절함을 가슴으로 들을 수 있게 되었습니다.
따뜻한 유자차의 향을 깊이 마실 줄 알게 되었습니다.

사람을 놓아줄 줄도 알게 되었습니다.
호수의 물색이 변하는 것을 볼 수 있게 되었습니다.
가까이 있는 사람이 소중한 것을 알게 되었습니다.
큰일을 작게, 작은 일을 크게 여길 줄도 알게 되었습니다.
나도 자연 속의 미물(微物)임을 알게 되었습니다.
흰 눈보다는 눈이 주는 느낌이 더 소중함을 알았습니다.

5) 자화상 그리기: 새롭게 변화된 자신의 모습을 그림으로 표현하고 발표한다.

6) 정리: 전체 집단상담 과정에서 느낀 점 및 얻은 점에 관해 이야기 나누고, 지금 현재 어느 정도 성역할 고정관념에서 벗어나 의식이 향상되었는가를 평가한다.

- 집단 구성원이 경험한 성장의 기쁨을 함께 나눈다.

 

- 마지막으로 함께 시를 읽으며, 아름다운 마무리에 관해 생각해 보고 프로그램을 정리한다.

머지않아 늦가을 서릿바람에
저토록 무성한 나뭇잎들도 무너져 내릴 것이다.
그 빈 가지에 때가 오면 또다시 새잎이 돋아날 것이다.
아름다운 마무리는
낡은 생각, 낡은 습관을 미련 없이 떨쳐 버리고
새로운 존재로 거듭나는 것이다.
그러므로 아름다운 마무리는
끝이 아니라 새로운 시작이다.

-법정 스님, 『아름다운 마무리』(2008) 중에서-

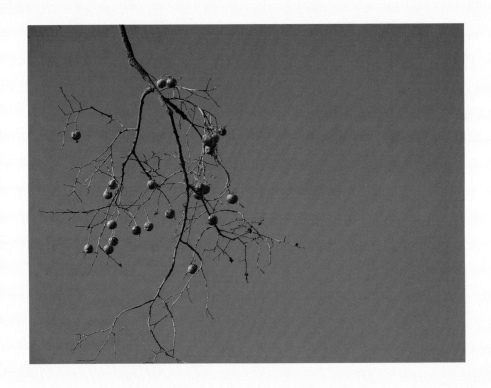

## 2. 학령 전 아동을 위한 의식향상 집단상담 프로그램

학령 전 아동의 양성성정체감 형성을 위한 집단상담 프로그램은 이시기의 아동이 평등한 사회화 과정을 경험하여 성차별 편견으로부터 자유로워져 반대 성(sex)의 특성을 개발하도록 하는 데 일차적 의의를 두고 있다.

그러므로 이 시기의 아동으로 하여금 여성적 특성인 친교성, 남성적 특성인 행위주체성을 균형 있게 발달시켜 자신의 잠재력을 발휘하여 양성성정체감의 개인으로 성장하도록 하는 것이 이 프로그램의 목적이다.

이 프로그램은 양성성정체감의 구성요인인 행위주체성과 친교성 특성의 발달을 강조하고 있는데, 특히 그 중에서도 여성성 변인의 '자기감정의 호소, 낭만적인 이야기와 예쁜 물건에 대한 선호, 말을 아름답게 하는 요인'들과 남성성 변인의 '통솔력, 성취욕구, 주도력, 독립성, 사회의 중추적인 역할의 수행능력, 포부와 야망, 목표를 향한 적극성'의 요인들을 중점적으로 개발시키는 집단상담 프로그램으로 구성했다.

그러므로 이 프로그램의 구성 내용은 부모 및 유치원, 초등학교 교사들을 대상으로 성역할 고정관념을 제거하여 양성성정체감의 개인으로 발달시켜 정치의식을 향상시키기 위해 개발되었던(한정신 외, 1993)「여성의 정치 재사회화 교육 프로그램 개발연구(Ⅰ)」의 교육 프로그램을 기초로 했다.

그러나 학령 전 아동을 대상으로 하는 프로그램은 그들의 인지적, 정의적 구조가 성인과 질적으로 다르기 때문에 이 시기의 발달단계에 따른 특성들이 고려되어야 한다. 유치원 아동은 Piaget의 인지발달단계로 볼 때 전조작기에서 구체적 조작기로 나아가는 단계에 있는데, 전조작기의 특징은 보존개념 및 가역성의 획득 과정에 있고 자기중심성, 물활론적 사고의 특징으로 논리적 사고가 부족하다. 사고에서도 법과 규칙이라는 단어 자체를 이해하지 못하는 단계(5세)에서 구체적으로 법과 규칙을 인식할 수 있는 단계(7세)로 전환되는 시기이며, 동시에 문자해독 이전의 발달단계에 있다. 프로그램의 내용은 이와 같은 사항들을 고려하여 구성되었다.

이 프로그램은 6~7세의 학령 전 아동뿐 아니라 초등학교 저학년 아동을 대상으로 실시할 수 있는데, 참가 인원은 집단토론에 적합한 인원인 8~10명으로 구성된다. 집단상담 프로그램 진행시간은 아동의 주의집중을 고려하여 매 회기 40분으로 총 11회기(440분)로 구성했다. 이 프로그램에서는 자기 소개(별칭 짓기), 반대의 성 되어 보기, 가정생활에서의 성차별 현상 탐색, 성별에 따른 직업 선택의 차이점, 새로 쓴 신데렐라, 정치의식 태도의 향상, 자아정체감 발달, 자기표현기술, 이상적인 여성상과 남성상, 변화된 자기 모습 등에 관한 주제를 가지고 서로 이야기를 나누게 된다. 프로그램 진행 과정 동안 교사는 강압적이지 않으며 자유롭고 허용적인 분위기를 조성해야 하며, 아동 각자가 적극적으로 참여하도록 유도하면서 아동에게 아낌없는 칭찬과 격려를 주어야 한다. 특히 프로그램 진행자는 성역할 편견에서 벗어나 행위주체성과 친교성이 조화롭게 발달된 양성성정체감의 개인이어야 하며, 성별 고정관념에서 자유로운, 의식 향상된 개인이어야 한다.

# 제1회

**1. 주제:** 자기 소개하기(동물, 꽃 등의 이름으로 별칭 짓기)

**2. 목적**

- 프로그램 수행 이전에 아동의 성역할정체감 유형을 평가한다.
- 아동 구성원들이 신뢰할 수 있는 분위기와 친밀감을 형성한다.

**3. 진행 과정**

1) 사전검사 실시: 학령 전 아동의 한국형 성역할 검사(KSRI-PSC, 김영희, 1995)를 실시한다.

2) 별칭 짓기

   ① 아동들은 둥근 원 모양으로 앉아서 눈을 감고 자신의 모습을 생각한다.

   ② 떠오르는 자신의 모습을 토대로 동물, 꽃, 나무 등의 이름으로 별칭을 짓고, 그 별칭을 소개한다.

3) 신체적으로 '되어 보기': 자신의 별칭을 가지고 신체적으로 '되어 보기'

예) 나는 하늘을 날고 있는 독수리입니다. 실제 아동들은 하늘을 나는 독수리가 되어 본다.

_____

_____

_____

_____

_____

4) 정리: 이 활동을 통해서 신체적으로 어떻게 느꼈는지를 서로 이야기한 후, 성별에 따라 별칭이 가진 성역할 고정관념을 인식해 본다.

_____

_____

_____

_____

_____

★ 11주 프로그램이 진행되는 동안 아동이 별칭을 바꾸기를 원할 때는 언제든지 바꿀 수 있음을 알려 준다.

# 제2회

## 1. 주제: 나는 남자, 너는 여자

## 2. 목적: 아동은 신체적으로 반대의 성이 되어 본 후 자신이 가진 성역할 개념을 인식한다.

## 3. 진행 과정

1) 반대의 성 되어 보기: 나는 남자, 너는 여자

여아와 남아는 반대의 성이 되어 본 후 여자/남자가 하는 놀이, 활동을 경험한다.

 **몸 의식하기**

눈을 감으시기 바랍니다. 자신의 몸을 의식하시기 바랍니다. 불편하거나 긴장된 부분을 주목하시기 바랍니다. 좀 더 편해지기 위해 필요하다면 몸을 움직여 보세요. 이제 다시 자신의 몸을 의식하세요. 자신의 모든 근육을 발가락부터 머리끝까지 팽팽하게 당겨 보세요. 눈, 입, 어깨, 다리, 발 모두에 힘을 주어 보세요. 잠시 그대로 멈추시기 바랍니다. 이제 풀어 주세요. 이전의 과정을 다시 해 봅시다. 자신의 호흡을 의식하세요. 들어가고 나오는 공기를 느껴 보세요. 그 공기가 흘러가는 대로 따라가 보세요. 약간 얕은 호흡을 해 보세요. 될 수 있는 대로 호흡을 깊이 하시기 바랍니다. 이와 같은 두 가지 방식의 호흡에서 얻은 느낌이 어떻게 다른지를 인지해 보세요. 이제 자신에게 편안하고 긴장이 풀리는 호흡을 해 보세요.

눈을 감은 채로 당신의 몸을 의식하시기 바랍니다. 느낌이 어떻습니까? 자신의 몸 가운데서 어느 부분을 좋아하십니까? 어느 부분을 좋아하지 않으십니까? 이 순간 자신의 몸에 대한 감정을 의식하세요. 자, 눈을 감은 채로 밤에 침실에 있는 자신을 떠올려 보시기 바랍니다. 자신이 평상시 하던 대로 잠을 잘 준비를 하세요. 당신은 실제로 잠자리에 들었습니다. 어둡습니다. 졸음이 옵니다. 잠에 빠집니다. 밤이 지났습니다. 아침이 오고 있습니다. 오늘 아침 당신이 잠에서 깨어 나기 시작할 때 달라진 것이 있다는 것을 알게 되었습니다. 잠에서 완전히 깨어 났을 때 당신은 여전히 당신입니다. 그러나 당신의 몸은 다른 성의 몸이 되었습니다. 이제 남자(여자)의 몸을 가진 것입니다. 자신의 새로운 몸에 대한 느낌이 어떤지 의식하시기 바랍니다. 이제 자리에서 일어나 거울로 갑니다. 아무것도 걸치지 않은 자신의 모습을 봅니다. 새로운 몸에 대한 당신의 감정은 어떻습니까? 이제 당신은 하루를 시작하기 위해 평상시 아침에 늘 하던 대로 행동을 합니다. 옷을 입습니다. 그 밖에 자신이 보통 때 하던 대로 행동하세요. 지금부터 여러분에게 60초의 시간을 줄 것입니다. 60초 동안에 자신의 변화된 하루를 만들어 보시기 바랍니다······.

당신은 여전히 그 사람입니다. 당신은 평상시 하던 대로 행동할 것입니다. 그러나 이성의 몸을 가지고 있습니다. 하루를 보내면서 자신의 새로운 몸을 가지고 느꼈던 것을 의식하세요. 당신이 어떻게 행동하는지를, 그리고 당신이 하루를 생활하면서 느꼈던 모든 감정을 의식하시기 바랍니다. (진행자는 약 60초 동안 기다린다.)

자, 이제 당신의 하루를 마감하시기 바랍니다. 다시 밤입니다. 당신은 침실로 돌아옵니다. 잠자리에 들 준비를 합니다. 잠자리에 들어갑니다. 어둡습니다. 졸음이 옵니다. 잠이 들었습니다. 그 밤이 지나고 있습니다. 아침이 오고 있습니다. 당신은 잠에서 깨어나고 있습니다. 잠에서 깨어나자 당신은 다시 자신의 몸이 원래대로 돌아왔다는 것을 발견합니다. 자신의 몸을 다시 가진 것에 대한 당신의 감정을 의식하시기 바랍니다. 이제 우리가 집단상담을 하고 있는 이 방으로 다시 돌아옵니다. 눈을 뜨시기 바랍니다.

2) 아동에게 다음과 같은 질문을 한다.
　① 나는 평소에 어떤 놀이를 하나요?

_____

_____

_____

　② 만일 내가 남자(여자)라면 지금 어떤 놀이를 하고 있을까요?

_____

_____

_____

　③ 만일 내가 남자(여자)라면 지금 집에서 어떤 일을 하고 있을까요?

_____

_____

_____

④ 남자(여자)의 놀이, 활동을 하고 난 기분이 어떤가요?

_____

_____

_____

_____


3) 정리: 프로그램 진행자는 아동이 발표한 놀이, 활동 등이 여성과 남성이 똑같이 할 수 있는 것이라는 점과 여성적 특성(친교성), 남성적 특성(행위 주체성)이 성별에 상관없이 각각의 개인이 모두 개발해야 하는 특성임을 강조한다.

_____

_____

_____

_____

_____

_____

_____

_____

# 제3회

1. 주제: 가정생활에서의 성차별 현상 알아보기

2. 목적: 아동이 가정생활에서 아빠, 엄마의 역할에서 경험하는 성역할 고정관념을 규명해 본다.

3. 진행 과정

1) 아빠, 엄마가 가정에서 어떤 일을 하고 있는지를 이야기한다.

예) 설거지, 세탁, 시장 보기, 은행 가기, 쓰레기 내다 버리기, 전구 갈기, 방 청소하기, 음식 만들기, 고장 난 물건(선풍기 등) 고치기, 내가 아플 때 밤에 함께 있어 주기, 동화책 읽어 주기 등

 

2) 우리 집에서 누가 왕(대장)인지에 관해 이야기한다.

3) 역할놀이: 남아는 엄마의 역할, 여아는 아빠의 역할을 연기해 본다.

4) 정리: 진행자는 역할놀이를 통해 아이들이 성별에 따라 여성, 남성의 역할이 고정되어 있는 것이 아님을 깨닫도록 한다. 아울러 아빠, 엄마의 역할이 서로 다른 게 아니라 남자, 여자가 모두 다양한 역할을 할 수 있다는 것을 알려 준다.

# 제4회

1. 주제: 성별에 따른 직업 선택

2. 목적: 직업에서의 성역할 고정관념을 알아보고, 남녀 모두 자신의 적성과 능력에 따라 직업 선택을 할 수 있음을 인식한다.

3. 진행 과정

　1) 남성의 일, 여성의 일을 구분해 본다.

　　여러 가지 일을 하고 있는 사람(얼굴 부분이 생략된)이 그려진 다양한 그림을 아동에게 보여 주고 남자인지 혹은 여자인지 말해 보도록 한다.

　　예) 의사, 요리사, 택시운전기사, 노동자, 우체부, 군인, 대통령, 선생님, 간호사, 과학자, 경찰관, 무용가 등

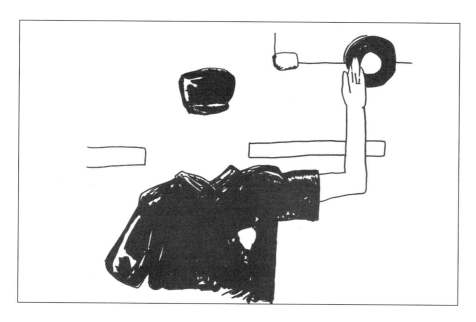

2) 내가 어른이 되면 무슨 일을 하고 싶은지를 그림으로 그려 보고 발표한다.

⟨ 내가 어른이 되면 하고 싶은 일 ⟩

3) 정리: 일은 성별에 따라 다르게 선택하는 것이 아니라 자신의 적성과 능력에 맞게 선택한다는 것을 깨닫게 해 준다.

# 제5회

## 1. 주제: 새로 쓴 신데렐라

## 2. 목적: 고전 동화 〈신데렐라〉에서 나타나는 여성의 의존성, 자립기피증 등의 신데렐라 콤플렉스에서 탈피하여 새롭게 각색한 〈신데렐라〉를 이해함으로써 아동 자신의 행위주체적 특성을 개발하도록 한다.

## 3. 진행 과정

1) 구연동화 : 새로 쓴 동화 〈신데렐라〉를 읽어준 후 신데렐라 이야기를 서로 나눈다.

❀❀❀❀❀❀❀❀❀❀❀❀❀❀❀❀❀❀❀❀❀❀❀❀❀❀❀❀❀❀❀❀❀❀❀❀

# 새로 쓴 동화 : 신데렐라

옛날 옛날에 신데렐라라는 소녀가 있었습니다. 엄마가 일찍 돌아가셔서 신데렐라는 새엄마와 새언니랑 같이 살고 있었습니다. 그런데 새엄마랑 언니는 게을러 자기 일을 스스로 하지 않고 신데렐라에게 모두 시켰습니다.

"신데렐라야! 밥해라."

"신데렐라야! 언니 방 청소 좀 해라."

"신데렐라야! 빨래 다 했니?"

더군다나 새엄마와 언니는 자기들은 좋은 옷을 입고 맛있는 음식을 먹으면서도 신데렐라에게는 낡은 옷과 먹다 남은 음식만을 주었습니다. 먹다 남은 음식이 없을 때에는 신데렐라는 굶어야 했습니다. 하지만 신데렐라는 새엄마와 언니의 구박 속에서도 슬퍼하지 않았습니다.

왜냐하면 신데렐라에게 아름다운 꿈이 있었기 때문입니다. 무슨 꿈이냐고요? 나라를 지키는 기사가 되는 것이었습니다. 신데렐라는 기사가 되어 불쌍한 사람들을 못 살게 구는 나쁜 사람들을 혼내 주는 생각만 해도 즐거웠습니다. 그래서 신데렐라는 매일 공부와 검술 훈련을 게을리하지 않았습니다.

어느 날 신데렐라가 하루 일을 마치고 자려 할 때 새엄마가 신데렐라를 불렀습니다.

"신데렐라야! 시내에 가서 언니 목걸이를 좀 사 와라."

신데렐라는 얼른 대답할 수 없었습니다. 시내까지 갔다 오려면 깜깜한 밤에 무서운 늑대가 나온다는 산을 넘어야 하기 때문입니다. 하지만 신데렐라는 공주님 생일에

언니가 하고 갈 목걸이를 사러 나섰습니다.

시내에서 목걸이를 사고 돌아오는 길에 어느덧 해가 졌습니다. 산을 넘으면서 신데렐라는 생각했습니다.

'늑대가 나타나면 어떡하지!'

신데렐라는 잔뜩 겁이 났습니다.

'아니야! 사람들을 못 살게 구는 늑대를 혼내 줘야 해. 무슨 좋은 방법이 없을까? 맞아. 나는 칼싸움과 돌팔매질을 잘하니까 늑대를 혼내 줄 수 있을 거야.'

용기를 낸 신데렐라는 주위에 있는 돌을 주워 주머니에 가득 넣고 산길을 걸어갔습니다. 날은 점점 어두워져만 갔습니다. 신데렐라가 막 고개를 넘어가려 할 때 갑자기 늑대가 나타났습니다.

'앗! 늑대다.'

신데렐라는 속으로 떨렸지만 침착하게 늑대의 눈을 쏘아보며 늑대의 머리를 향해 돌을 마구 던졌습니다. 그러자 늑대는 큰 신음소리를 내며 쓰러졌습니다.

며칠 후 공주의 생일날이 되었습니다. 모든 사람들이 공주의 생일을 축하하러 모였습니다. 언니도 예쁜 옷에 신데렐라가 사 온 목걸이를 하고 갔습니다.

생일잔치에 모인 사람들은 밤마다 마을에 내려와 양과 닭을 물어 가고 사람을 해치는 늑대가 죽어서 살기 편해졌다는 이야기를 수군거렸습니다.

"누가 늑대를 죽였을까?"

"아마 힘이 센 장사가 죽였을 거야."

"아니야! 내가 듣기로는 신데렐라라는 아가씨가 죽였다더군."

늑대 때문에 백성들이 어려움을 겪고 있다는 소문을 들은 적이 있었던 공주는 신데렐라가 늑대를 죽였다는 소리를 듣고 신데렐라가 어떤 사람인지 궁금했습니다.

이때 공주는 모든 사람들이 자기와 이야기하고 있는데, 멀리서 아이들과 칼싸움 놀이를 하고 있는 한 아가씨를 보았습니다.

'저 아가씨는 누구지?'

공주는 자신의 생일을 축하하지 않고 칼싸움을 하는 아가씨가 괘씸하기도 하고, 또한 누군지 궁금하기도 했습니다.

공주는 신데렐라에게 다가가서 말했습니다.

"아가씨가 얌전히 바느질을 하거나 고무줄놀이를 할 것이지 무슨 칼싸움이냐?"

주위에 있던 사람들은 웅성거렸고, 그중 누군가가 신데렐라를 알아보고 그녀가 신데렐라라고 큰 소리로 말했습니다. 그제야 공주는 신데렐라를 알아보았습니다.

"아! 네가 늑대를 잡았다는 그 신데렐라구나. 정말 용감한 아가씨야! 내가 너에게 상을 내리고 싶은데 무엇이 갖고 싶으냐?"

신데렐라는 대답했습니다.

"공주님! 저는 갖고 싶은 것이 없습니다. 하지만 공주님이 굳이 저에게 상을 내리고 싶다면 불쌍한 사람들에게 옷과 음식을 나눠 주셨으면 좋겠어요."

공주는 신데렐라가 용감할 뿐만 아니라 착한 마음씨를 가진 아가씨임에 감동했습니다. 그리고 약속을 했습니다.

"그래, 너의 말대로 불쌍한 백성들에게 옷과 음식을 나누어 주리라."

그 후로 공주와 신데렐라는 절친한 친구가 되었습니다. 둘은 모든 사람들이 행복하게 사는 나라를 만들고 싶어 했습니다.

어느 날 공주는 신데렐라에게 말했습니다.

"신데렐라야! 너는 불쌍한 사람을 돕기 위해 기사가 되는 것이 소원이라고 했지? 나를 돕는 훌륭한 기사가 되어 주겠니?"

그러자 신데렐라는 말했습니다.

"공주님이 정말 백성을 위한 정치를 하시는 왕이 되신다면, 저는 공주님과 함께 열심히 일을 하겠습니다."

훗날 공주와 신데렐라는 백성들을 사랑하는 왕과 기사가 되었습니다.

2) 정리: 진행자는 신데렐라가 공부와 집안일뿐만 아니라 무술도 하고, 공주와 절친한 친구이자 용맹한 기사가 되어 함께 행복한 나라를 만드는 데 도움이 될 수 있었다는 사실을 강조한다.

## 제6회

1. 주제: 여성 대통령

2. 목적: '남성＝정치'라는 고정관념에서 벗어나 학령 전 아동의 정치의식 수준을 향상시킨다.

3. 진행 과정

1) 아동에게 다음과 같은 가상적인 이야기를 들려준다.

\*\*\*\*\*\*\*\*\*\*\*\*\*\*\*\*\*\*\*\*\*\*\*\*\*\*\*\*\*\*\*\*\*\*\*\*\*\*\*\*\*\*\*\*\*\*\*\*\*\*\*\*\*\*\*

새로운 두 개의 섬이 발견되어 많은 사람들이 그 섬으로 가서 살게 되었다. 사람들은 두 개의 섬에 집, 병원, 유치원, 교회, 경찰서, 동회, 법원, 대통령이 살 곳 등을 지었다. 동쪽 나라의 대통령은 여자이고, 서쪽 나라의 대통령은 남자였다.

\*\*\*\*\*\*\*\*\*\*\*\*\*\*\*\*\*\*\*\*\*\*\*\*\*\*\*\*\*\*\*\*\*\*\*\*\*\*\*\*\*\*\*\*\*\*\*\*\*\*\*

① 동쪽 나라의 여자 대통령, 서쪽 나라의 남자 대통령은 어떤 일을 하고 어떤 모습을 갖고 있을까요?

_____

_____

_____

_____

② 자! 어떤 모습을 하고 어떤 일을 하고 있는지 그림으로 그려 볼까요?

〈동쪽 나라의 여자 대통령〉

〈서쪽 나라의 남자 대통령〉

2) 발표: 그림을 다 그리면 남자 대통령과 여자 대통령의 모습과 하는 일을
   친구들에게 발표한다.

_____

_____

_____

_____

_____

_____

_____

3) 정리: 진행자는 남성과 여성 모두 대통령이 될 수 있고, 여성 대통령도 남
   성 대통령과 똑같은 일을 할 수 있다는 것을 알려 준다.

_____

_____

_____

_____

_____

_____

_____

제7회

1. 주제: 나는 누구인가 (Ⅰ)

2. 목적: 아동 자신이 독특한 존재임을 알도록 함으로써 자신의 의미와 가치를
   인식하여 긍정적 정체감을 확립하도록 한다.

3. 진행 과정
   1) 나의 예쁜 모습 그리기: 아동 자신의 가장 예쁜 곳을 이야기한 다음, 자신
      의 모습을 그림으로 그린다.

   2) 발표: 그림이 완성되면 친구들 앞에서 자신의 예쁜 모습을 발표한다.

   _____

   _____

   _____

   3) 정리: 진행자는 아동 자신이 독특하고 자랑스러운 존재임을 인식하도록 한다.

   _____

   _____

   _____

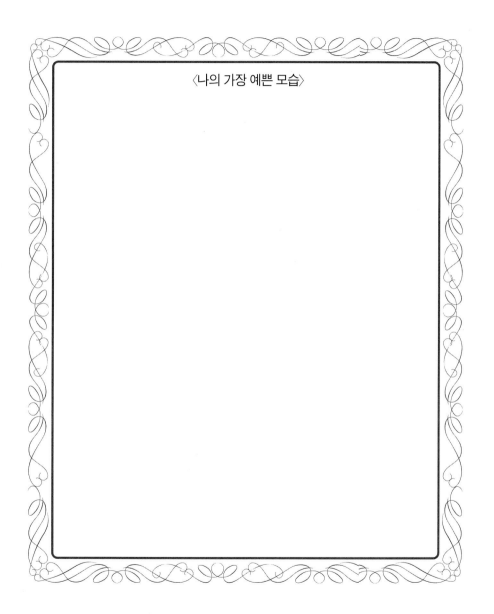

〈나의 가장 예쁜 모습〉

## 제8회

1. 주제: 나는 누구인가 (Ⅱ)

2. 목적: 아동 자신의 자랑거리를 발표함으로써 자신의 좋은 점을 인식하는 가운데, 긍정적인 자아존중감을 확립하도록 한다.

3. 진행 과정

   1) 자신을 자랑하기

      ① 구성원들 앞에서 자신의 좋은 점들을(5~10가지 정도) 발표한다.

② 다른 아동은 발표하는 아동의 좋은 점이 있으면 이야기해 준다.

_____

_____

_____

_____

_____

2) 자신의 좋은 점들을 발표한 후 느낀 점을 이야기한다.

_____

_____

_____

_____

3) 정리: 진행자는 아동의 좋은 특성들 가운데 남성적 특성(행위주체성)과 마
   찬가지로 여성적 특성(친교성)도 건강한 성장을 위해 똑같이 중요하다는
   것을 알려 준다.

_____

_____

_____

_____

# 제9회

1. 주제: 감정표현하기

2. 목적: 아동에게 친교적 특성인 다양한 감정을 인식할 수 있도록 해 주며, 자신의 감정을 솔직하고 자연스럽게 표현할 수 있게 한다.

3. 진행 과정

   1) 아동에게 몇 가지 상황이 그려진 그림을 보여 주면서 어떤 내용인지 이야기하도록 한다.

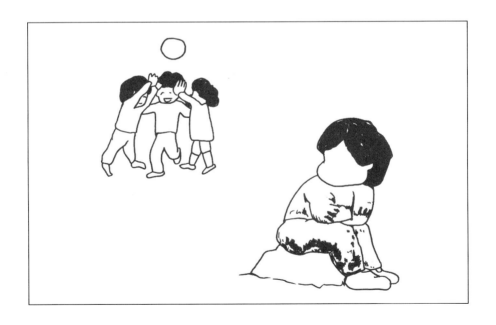

2) 그림자료의 아동이 어떤 표정을 하고 있는지 색연필로 눈, 코, 입을 그린 다음, 왜 그런 표정을 그려 넣었는지 그 이유를 발표하도록 한다.

3) 거울 앞에서 자신이 그린 표정을 지어 본다.

4) 정리: 진행자는 아동 자신에게는 여러 가지 감정이 있고, 그 감정을 솔직하게 표현하는 것이 바람직하다는 것을 강조하고, 또한 다른 사람의 감정도 존중해야 함을 알려 준다.

제10회

1. 주제: 자기표현하기

2. 목적: 자기표현행동을 학습하여 성 차별적 상황에서 발생하는 부정적 감정을 감소시켜 자아가치를 확립한다.

3. 진행 과정

  1) 아동 구성원들에게 다양한 상황이 그려진 그림자료를 보여 준다.

    ① 엄마/아빠가 여자아이라고 칼싸움을 못하게 할 때

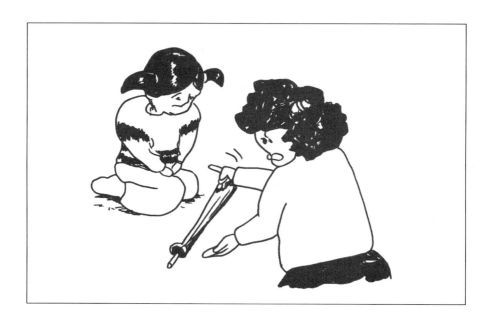

② 엄마/아빠가 남자아이라고 소꿉장난을 못하게 할 때

2) 아동은 이런 상황에서 어떻게 말과 행동을 표현해야 하는지를 발표한다.

_____

3) 각각의 상황을 역할극으로 꾸며 자기표현 연습을 해 본다.

_____

_____

4) 정리: 진행자는 아동이 생활하면서 자기표현을 할 상황에서는 자신감 있
게 하도록 강조하며, 행위주체성을 갖도록 한다.

제11회

1. 주제: 변화된 자기 모습

2. 목적: 집단상담 프로그램을 통해 의식이 향상된 자신의 모습을 발견한다.

3. 진행 과정

    1) 이상적인 여성상과 남성상: 아주 훌륭하다고 생각되는 여성과 남성은 어떤 모습인지 그림으로 그린 다음 발표한다.

    _____

    _____

    _____

    _____

    2) 자신의 모습 그리기: 새롭게 변화된 자신의 모습을 그림으로 표현하여 구성원들 앞에서 발표한다.

    _____

    _____

    _____

    _____

〈훌륭한 여성의 모습〉

〈훌륭한 남성의 모습〉

〈새로운 나의 모습〉

3) 정리

① 진행자는 아동이 집단상담 프로그램에 참여하면서 느낀 점을 발표하
게 한다.

_____

_____

_____

_____

_____

② 진행자는 아동에게 여성과 남성이 똑같이 자기의 관심, 능력에 따라
일을 할 수 있을 때 자기 자신뿐 아니라 우리 사회가 밝고 즐거워진다
는 것을 인식시킨다.

4) 사후검사 실시: KSRI-PSC 실시

# 참고문헌

김광일(1988). 가정폭력 그 실상과 대책. 탐구당.

김광자, 김광일(1985). 아내 구타에 대한 태도 조사. 정신건강연구, 3, 218-234.

김남순(1986). 한국 중년남녀의 성격특성에 관한 연구. 성신여자대학교 대학원 박사학위 논문.

김동순(1992). 성인여성의 심리-정신치료에서 경험한 성인여성을 중심으로. 신경정신의학, 32, 23-27.

김영철, 정향균, 이시형(1989). 일반성인에서의 생활 스트레스가 정신증상 및 신체에 미치는 영향. 신경정신의학, 28(2), 282-291.

김영희(1985). Feminist Therapy의 이론적 고찰. 인간이해, 제7집, 13-21.

김영희(1988). 한국형성역할검사(Korean Sex Role Inventory) 개발연구. 아세아여성연구, 27, 153-182.

김영희(1989) 한국 청소년의 성역할정체감 유형과 학습된 무기력과의 관계 연구. 숙명여자대학교 대학원 박사학위 논문.

김영희(1992). 여성중심치료(Feminist Therapy). 경기교육논총, 제2호, 303-313.

김영희(1995). 학령전 아동의 한국형성역할검사 개발연구. 아세아여성연구, 34, 183-213.

김영희(1996). 여성심리학의 현황과 전망. 동덕여성연구, 1, 91-109.

김영희(1997). 성공회피동기. 경기교육논총, 제6호, 61-81.

김영희(1999). 한국 가정주부의 가사 및 경제적 지위. 여성논총, 제2집, 39-50.

김영희(2005). 교사의 성역할정체감 유형과 양성성 증진을 위한 의식향상교육프로그램 효과에 관한 예비연구. Andragogy Today, 8(4), 1-22.

김은주(1990). 여성을 위한 의식향상훈련이 양성성과 자기존중감에 미치는 효과. 계명대학교 대학원 석사학위 논문.

김정곤(1983). 중년 여성 입원환자에 대한 연구. 신경정신의학, 22, 639-648.

김준곤(1985). 여성의 직업적 성공을 저해하는 요인. 여성문제 연구, 제14권, 155-174.

김효성(1984). 한국 대학생의 성공회피동기 연구. 이화여자대학교 대학원 석사학위 논문.

노동부(1995). 여성과 취업.

노혜숙, 한정신, 전경옥, 김영희, 김영란(1998). 한국 주부의 사회참여활동에 관한 연구—주부운동 실태 및 활성화 방안. 아세아여성연구, 37, 167-294.

문영란(1989). 직장인의 성역할정체감과 성공공포와의 관계 연구. 중앙대학교 교육대학원 석사학위 논문.

민성길, 남궁기, 이호영(1990). 홧병에 대한 일 역학적 연구. 신경정신의학, 29(4), 867-874.

민성길, 소은희, 변용욱(1989). 정신과의사 및 한의사들의 홧병에 대한 개념. 정신신경의학, 28, 146-153.

박경숙 (1998). 한국여성의 경제활동 현상과 활성화 방안. 제6회 『아시아여성 우호교류』, 경기도.

박두병, 이재광, 기백석, 유영식, 이길홍, 이규항(1993). 정신과 응급실 반복 방문자들에 관한 분석. 신경정신의학, 32(2), 212-221.

설인자(1989). 사회학적 지지와 내외통제성에 따른 성공공포에 관한 연구. 이화여자대학교 대학원 석사학위 논문.

손덕수(1988). 서어비스 산업에서의 신종업: 호스티스. 한국여성학회 춘계 학술발표회 자료집, 111-127.

송은경(1993). 고등학생의 성역할정체감과 진로의사결정유형 간의 관련 연구. 숙명여자대학교 교육대학원 석사학위 논문.

윤진(1981). 남녀차이에 대한 심리학적 한 고찰: 성역할 사회화과정과 그 결과를 중심으로. 한국사회학, 제15집, 21-35.

윤진(1987). 폭력의 이론: 공격행동의 심리적 기제. 정신건강연구, 6, 1-10.

윤진, 조긍호 공역(1983). 무기력의 심리(M. E. P. Seligman 저). 탐구당.

이규태(1992). 한국 여성의 의식구조: 생구인가 사람인가. 신원문화사.

이규태(1993). 한국 여성의 의식구조: 여성해방과 개화기. 신원문화사.

이기숙(1994). 맞벌이 가족의 여성, 부부 그리고 자녀. 여성연구논집, 5, 61-92.

이송자(1993). 국민학생의 진로의식과 자아개념 및 성역할정체감의 관계. 숙명여자대학교 교육대학원 석사학위 논문.

이승희(1984). 여대생의 성공회피동기에 관한 연구. 이화여자대학교 대학원 석사학위 논문.

이재연(1983). 여자대학생의 장래계획과 성역할정체감 및 자아존중감. 아세아여성연구, 22, 87-97.

이정균(1991). 한국 정신장애의 역학적 조사 연구(Ⅶ). 신경정신의학, 16, 1-19.

이정균, 변영찬(1987). 한국정신장애의 역학적 조사 연구(Ⅷ). 신경정신의학, 26, 34-44.

이현정(1984). 한국 청소년의 여성 성공공포에 관한 연구: 남녀 고교생의 성취의식을 중심으로. 고려대학교 대학원 석사학위 논문.

이혜련(1992). 사춘기의 여성심리. 신경정신의학, 31(1), 3-7.

임수정(1987). 대학생의 성역할정체감과 성공회피동기의 관계에 관한 연구. 서울여자대학교 대학원 석사학위 논문.

임정빈, 임혜경(1992). 1980년과 1990년 주부의 생활시간비교. 대한가정학회지, 30(4), 261-278.

임정빈, 정혜정(1997). 성역할과 여성. 학지사.

장윤선(1993). 11세 아동의 성역할유형과 지능구성 3요인과의 관계. 이화여자대학교 교육대학원 석사학위 논문.

장재정(1987). 중년 여성의 성역할정체감과 심리적 건강에 관란 연구. 고려대학교 대학원 박사학위 논문.

전은경(1992). 고등학생의 성역할정체감과 정신건강에 관한 연구. 숙명여자대학교 대학원 석사학위 논문.

정소영(1985). 의식향상훈련이 여성의 양성공존성에 미친 효과에 관한 연구. 연세대학교 대학원 박사학위 논문.

정승미(1985). 조직성원의 성역할지향성과 성공공포와의 관계연구. 이화여자대학교 대학원 석사학위 논문.

정진경(1987). 성역할연구의 양성적 시각. 한국여성학, 제3집, 132-160.

정진경(1992). 미래가 요구하는 인성: 여성성에 대한 새로운 강조. 사회과학연구, 9, 185-196.

조우철(1996). 21세기의 여성과 여성정책. 동덕여성연구, 창간호, 139-173.

조인선(1986). 대학생의 성역할정체감과 성역할태도 및 자아개념에 관한 연구. 숙명여자대학교 대학원 석사학위 논문.

중앙일보(2009). 3. 11일자 기사. 여성에게 필요한 세탁기 이상의 것.

중앙일보(2009). 7. 7일자 기사. 2009년 통계로 본 여성의 삶.

최인아(1988). 대학생의 성역할정체감과 자아정체감에 관한 연구. 고려대학교 대학원 석사학위 논문.

최해림(1989). 여성상담의 과정 및 기술. 인간이해, 제10집, 49-57.

최해림, 김영희(1996). 한국 여성의 심리장애와 여성치료의 방향. 상담과 심리치료, 8(1), 153-167.

최해림, 김영희(2000). 한국 상담자의 성역할정체감 유형의 분석연구. 상담과 심리치료, 12(2), 1-15.

통계청(1994). 지난 30년간 고용사정의 변화.

통계청(1995). 여성의 사회활동 실태 국제 비교.

하영석, 김성회, 문창현, 석수영, 윤정윤, 이명자(1983). 공격적 · 소극적인 대학생을 위한 자기주장훈련 프로그램. 학생지도연구, 16(1), 87-136.

한국성폭력상담소(1993). 한국성폭력상담소 개소 2주년 기념 자료집.

한국여성개발원(1995). 1995 여성통계연보. 한국여성개발원.

한오수, 유희정(1990). 식이절제 태도에 따른 심리적 특성. 정신의학, 16, 21-28.

한정신(1988). 성공공포와 관련 변인에 관한 연구─남녀 대학생을 중심으로. 아세아여성연구, 27, 77-102.

한정신, 김영희, 김영란, 오재림(1994). 여성의 정치 재사회화를 위한 교육프로그램 개발에 관한 연구(II)─학령전 아동의 정치사회화를 중심으로. 아세아여성연구, 33, 155-245.

한정신, 박임전, 김영란, 김영희, 오재림(1993). 여성의 정치 재사회화 교육프로그램 개발 연구(Ⅰ). 아세아여성연구, 32, 169-212.

한혜경(1986). 한국 도시 주부의 정신적 갈등에 관한 연구. 열린 사회 자율적 여성. 또하나의 문화, 2, 471-476.

홍완호(1978). 우울증 빈도의 남녀 대비에 관한 고찰. 신경정신의학, 17, 411-422.

황산성(1988). 여성, 그리고 오늘에 말한다. 삼민사.

황원준, 정용균, 김종주(1995). 정신과에 처음 내원한 환자의 6개월 후 추적조사. 신경정신의학, 34, 59-69.


Abramson, L. Y., Seligman, M. E. P., & Teasdale, J. D. (1978). Learned helplessness in humans: Critique and reformulation. *Journal of Abnormal Psychology, 87,* 49-74.

Alyn, J. H., & Becker, L. A. (1984). Feminist therapy with chronically and profoundly disturbed women. *Journal of Counseling Psychology, 31,* 202-208.

Atkinson, J. W. (Ed.) (1958). *Motives in fantacy, action & society.* Princeton, N. J.: Van Nostrand.

Bart, P. (1971). The myth of a value-free psychotherapy. In W. Bell & J. A. Mau (Eds.), *Sociology of the future.* New York: Russell Sage Foundation.

Baucom, D. H. (1983). Sex role identity and the decision to regain control among women: A learned helplessness investigation. *Journal of Personality and Social Psychology, 44,* 334-343.

Baucom, D. H., & Danker-Brown, P. (1979). Influence of sex roles on the development of learned helplessness. *Journal of Consulting and Clinical Psychology, 47,* 928-936.

Baucom, D. H., & Danker-Brown, P. (1984). Sex role identity and sex-stereotyped tasks in the development of learned helplessness in women. *Journal of Personality and Social Psychology, 46,* 422-430.

Bem, S. L. (1974). The measurement of psychological androgyny. *Journal of Consulting and Clinical Psychology, 42,* 155-162.

Berndt, D. J. (1981). *The Situational Control Scale: A Self-report measure of learned helplessness.* Microfiche Publications(NAPS03823).

Brehm, J. W. (1966). *A theory of psychological reactance.* New York: Academic Press.

Brehm, J. W. (1972). *Responses to loss of freedom: A theory of psychological reactance.* Morristown, N.J.: General Learning Press.

Brockner, J., Gardner, M., Bierman, J., Mahan, T., Thomas, B., Weiss, W., Winters, L., & Mitchell, A. (1983). The roles of self-esteem and self-consciousness in the Wortman-Brehm model of reactance and learned helplessness. *Journal of Personality and Social Psychology, 45,* 199-209.

Broverman, I. K., Broverman, D. M., Clarkson, F. E., Rosenkrantz, P. S., & Vogel, S. R. (1970). Sex role stereotypes and clinical judgments of mental health. *Journal of Consulting and Clinical Psychology, 34,* 1-7.

Caballero, C. M., Giles, P., & Shaver, P. (1975). Sex role traditionalism and fear of success. *Sex Roles, 1,* 319-326.

Canavan-Gumpert, D., Carner, K., Gumpert, P., Cohen, N. E., & Pappo, M. (1978). *The Success-fearing personality.* Lexington: Lexington books.

Cano, L., Solomon, S., & Holmes, D. S. (1984). Fear of success: The influence of sex, sex-role identity, and components of masculinity. *Sex Roles, 10,* 341-346.

Cate, R., & Sugawara, A. I. (1986). Sex role orientation and dimensions of self-esteem among middle adolescents. *Sex Roles, 15,* 145-158.

Clinebell, C. H. (1976). *Counseling for Liberation.* Philadelphia: Fortress Press.

Clinebell, H. (1979). *Growth Counseling: Hope centered methods of actualizing human wholeness.* Nashville: Abington press.

Clinebell, H. (1981). *Contemporary growth therapies-Resources for actualizing human wholeness.* Nashville: Abington press.

Dweck, C. S., & Reppucci, N. D. (1973). Learned helplessness and reinforcement responsibility in children. *Journal of Personality and Social Psychology, 25,* 109-116.

Enns, C. Z. (1987). Gestalt therapy and feminist therapy: A proposed integration. *Journal of Counseling and Development, 66,* 93-95.

Fischer, J. L., & Narus, L. R. (1981). Sex-role development in late adolescence and adulthood. *Sex Roles, 7,* 97-106.

Frieze, I. H., Parsons, J. E., Johnson, P. B., Ruble, D. N., & Zellman, G. L. (Eds.) (1978). *Women and sex roles: A social psychological perspective.* New York: WW Norton & Company.

Gannon, L., Heiser, P., & Knight, S. (1985). Learned helplessness versus reactance: The effects of sex-role stereotype. *Sex Roles, 12,* 791-806.

Gatchel, R. J., & Proctor, J. D. (1976). Physiological correlates of learned helplessness in man. *Journal of Abnormal Psychology, 85,* 27-34.

Gayton, W. F., Havu, G., Barnes, S., Ozman, K. L., & Basset, J. S. (1978). Psychological androgyny and fear of success. *Psychological Reports, 42*(3), 757-758.

Gilbert, L. A. (1992). Gender and counseling psychology: current knowledge and directions for research and social action. In S. D. Brown & R. W. Lent (Eds.), *Handbook of counseling psychology* (2nd ed., pp. 383-416). New York: John Wiley & Sons.

Hawkins, R. P., & Pingree, S. (1978). A developmental exploration of the fear of success phenomenon as cultural Stereotype. *Sex Roles, 4,* 539-548.

Heilbrun, A. B. (1976). Measurement of masculine and feminine sex role identities as independent dimensions. *Journal of Consulting and Clinical Psychology, 44,* 183-190.

Heilbrun A. B., Kleemeier, C., & Piccola, G. (1974). Developmental situational correlates of achievement behavior in college females. *Journal of personality, 42*, 420-436.

Hiroto, D. S. (1974). Locus of control and learned helplessness. *Journal of Experimental Psychology, 102*, 187-193.

Hiroto, D. S., & Seligman, M. E. P. (1975). Generality of learned helplessness in man. *Journal of Personality and Social Psychology, 31*, 311-322.

Horner, M. S. (1968). *Sex differences in achievement motivation and performance in competitive and non-competitive situations.* Unpublished Doctoral Dissertation, University of Michigan.

Hurlock, E. B. (1983). *Child Development.* McGraw-Hill Kogakrsha, Ltd.

Jones, S. L., Nation, J. R., & Massad, P. (1977). Immunization against learned helplessness in man. *Journal of Abnormal Psychology, 86*, 75-83.

Jones, W. H., Chernovetz, M. E., & Hansson, R. O. (1978). The enigma of androgyny: Differential implications for males and females? *Journal of Consulting and Clinical Psychology, 46*, 298-313.

Kagan, J. (1964). Acquisition and significance of sex typing and sex role identity. In M. L. Hoffman & L. W. Hoffman (Eds.), *Review of Child Development Research, 1*, 137-167.

Kirsh, B. (1974). Consciousness-Raising groups as therapy for Woman. In V. Franks & V. Burtle (Eds.), *Women in therapy.* New York: Brunner/Mazel.

Klein, D. C., Fencil-Morse, E., & Seligman, M. E. P. (1976). Learned helplessness, depression, and the attribution of failure. *Journal of Personality and Social Psychology, 33*, 508-516.

Lentz, M. E. (1982). Fear of success as a situational phenomenon. *Sex roles, 8*, 987-997.

Lerman, H. (1974). What happens in feminist therapy? In Symposium, Feminist

Therapy: In search of a theory, APA, New Orleans, La.

Levine, A., & Crumrine, J. (1975). Women and the fear of success: A Problem in replication. *American Journal of Sociology, 80,* 964-974.

Lockheed, M. E. (1975). Female motive to avoid success: A psychological barrier or a esponse to deviancy? *Sex Roles, 1,* 41-50.

Major, B. (1979). Sex role orientation and fear of success: Clarifying an unclear relationship. *Sex Roles, 5,* 63-70.

Mander, A. V., & Rush, A. K. (1974). *Feminism as Therapy.* New York: Random House, Inc.

Marecek, J., Kravetz, D., & Finn, S. (1979). Comparison of women who enter feminist therapy and women who enter traditional therapy. *Journal of Consulting and Clinical Psychology, 47,* 734-742.

McClelland, D. C., Atkinson, J. W., Clrak, R. A., & lowell, E. L. (1953). *The achievement motives.* New York: Appleton-Century Crofts.

Miller, I. W., & Norman, W. H. (1981). Effects of attributions for success on the alleviation of learned helplessness and depression. *Journal of Abnormal Psychology, 90,* 113-124.

Miller, W. R., & Seligman, M. E. P. (1975). Depressed and learned helplessness in man. *Journal of Abnormal Psychology, 84,* 228-238.

Miller, W. R., & Seligman, M. E. P. (1976). Learned helplessness, depression and the perception of reinforcement. *Behavior Research and Therapy, 14,* 7-17.

O'Conner, K., Mann, D. W., & Bardwick, J. M. (1978). Androgyny and self-esteem in the upper-middle class: A replication of spence. *Journal of Consulting and Clinical Psychology, 46,* 1168-1169.

Overmier, J. B., & Seligman, M. E. P. (1967). Effects of inescapable shock upon subsequent escape and avoidance responding. *Journal of Comparative and Physiological Psychology, 63,* 28-33.

Overton, W. F., & Meehan, A. M. (1982). Individual differences in formal operational thought: Sex role and learned helplessness. *Child Development, 53,* 1536–1543.

Peplau, L. A. (1976) Impact of fear of success and sex role attitudes on women's competitive achievement. *Journal of Personality and Social Psychology, 34,* 561–568.

Raps, C. S., Peterson, C., Jonas, M., & Seligman, M. E. P. (1982). Patient behavior in hospitals: Helplessness, reactance, or both? *Journal of Personality and Social Psychology, 42,* 1036–1041.

Rawlings, E. I., & Carter, D. K. (Eds.) (1977). *Psychotherapy for woman: Treatment toward equality.* Springfield, IL: Charles C. thomas.

Richter, C. P. (1957). On the phenomenon of sudden death in animals and man. *Psychosomatic Medicine, 19,* 191–198.

Robert, E. F. (1982). *Human Motivation.* Belmont, C.A.: Brooks/Cole.

Roth, S., & Bootzin, R. R. (1974). The effects of experimentally induced expectancies of external control: An investigation of learned helplessness. *Journal of Personality and Social Psychology, 29,* 253–264.

Roth, S., & Kubal, L. (1975). Effects of noncontingent reinforcement on tasks of differing importance: Facilitation and learned helplessness. *Journal of Personality and Social Psychology, 32,* 680–691.

Schlossberg, N. K., & Pietrofesa, J. J. (1973). Perspectives on counseling bias: Implications for counselor education. *Counseling Psychologist, 4,* 44–54.

Schuster, D. B. (1955). On the fear of success. *Psychiatric Quarterly, 29,* 412–420.

Seligman, M. E. P. (1975). *Helplessness: On depression, development, and death.* San Francisco: W. H. Freeman.

Seligman, M. E. P., & Groves, D. (1970). Non-transient learned helplessness. *Psychonomic Science, 19,* 191–192.

Seligman, M. E. P., & Maier, S. F. (1967). Failure to escape traumatic shock. *Journal of Experimental Psychology, 74*, 1-9.

Stuart, J. E. (1977). *Vulnerability to learned helplessness and sex role stereotyping in women.* Unpublished Doctoral Dissertation, Southern Illinois University.

Sturdivant, S. (1980). *Therapy with woman: A feminist philosophy of treatment.* Springer Publishing Company, Inc.

Tennen, H., & Eller, S. J. (1977). Attributional components of learned helplessness and facilitation. *Journal of Personality and Social Psychology, 35*, 265-271.

Tresemer, D. W. (1977). *Fear of success.* New York: Plenum Press.

Unger, R. K. (1979). *Female and Male-Psychological Perspectives.* New York: Harper & Row, Inc.

Whitley, B. E. (1983). Sex role orientation and self-esteem: A critical meta-analytic review. *Journal of Personality and Social Psychology, 44*, 765-778.

Wortman, C. B., & Brehm, J. W. (1975). Response to uncontrollable outcomes: An integration of reactance theory and the learned helplessness model. In L. Berkowitz (Ed.), *Advances in experimental social psychology* (*Vol. 8*, pp. 277-336). San Diego, CA: Academic Press.

Zuckerman, M., & Wheeler, L. (1975). To dispel fantasy-based measure of fear of success. *Psychological Bulletin, 82*, 932-946.

# 찾아보기

◑ 저자 소개 ◑

**김영희**

숙명여자대학교 대학원 교육학 박사

University of Minnesota 박사후 과정

한국상담학회 집단상담 수련 감독급 전문상담사

한국융연구원 전문과정 상임연구원

현 경기대학교 교직학과 교수

    경기대학교 교육대학원 상담교육전공 주임교수

    경기대학교 일반대학원 상담교육과 교수

# 한국 여성의 심리장애와 심리치료

– 양성평등을 위한 의식향상 집단상담 –

2009년 8월 24일 1판 1쇄 인쇄
2009년 8월 29일 1판 1쇄 발행

지은이 • 김영희

펴낸이 • 김진환

펴낸곳 • (주) **학지사**

        121-837 서울특별시 마포구 서교동 352-29 마인드월드빌딩 5층

대표전화 • 02)330-5114     팩스 • 02)324-2345

등록번호 • 제313-2006-000265호

홈페이지 • http://www.hakjisa.co.kr

커뮤니티 • http://cafe.naver.com/hakjisa

ISBN 978-89-6330-186-0 93180

정가 14,000원